De la Rupture à la Bénédiction : Embrasser la Rédemption

Éditions Plume d'Or Edmonton, Alberta, Canada Imprimé au Canada

Relié aux États-Unis d'Amérique

Première édition en livre de poche mars 2024
ISBN 978-1-7779515-6-6
Illustration copyright © 2023 par Éditions Plume d'Or

Conception par Plume d'Or Éditions
Traduction de la version anglaise FROM BROKENNESS TO BLESSING:EMBRACING REDEMPTION par Plume d'Or Éditions

Je te rends grâce, Seigneur Jésus,
Je te rends grâce, Saint-Esprit, de m'avoir appris à prier.
Je bénis ton nom, Seigneur, mon Sauveur et mon Défenseur.

TABLE DES MATIERES

PRÉFACE

Dans le texte sacré de la Bible, le livre d'Osée se présente comme un témoignage profond de l'amour de Dieu et du pouvoir transformateur de la repentance. Le récit d'Osée se déroule sur fond d'adultère spirituel d'Israël et de l'appel de Dieu à la repentance, offrant des leçons éternelles qui résonnent profondément avec les croyants à travers les générations. Alors que nous nous lançons dans ce voyage à travers le livre d'Osée, nous sommes invités à explorer les profondeurs de la miséricorde de Dieu, les conséquences de la désobéissance et la promesse de rédemption pour ceux qui se tournent vers Lui.

Cette préface vise à poser les bases d'une exploration transformative de la repentance à travers le prisme du livre d'Osée. En plongeant dans les thèmes de l'obéissance, de la miséricorde et de la restauration, les lecteurs seront inspirés à réfléchir sur leur propre vie, à embrasser la repentance et à vivre la grâce profonde de Dieu dans leur parcours vers la rédemption.

Dans le monde d'aujourd'hui, marqué par la tourmente spirituelle et la décadence morale, le message de repentance proclamé par Osée reste aussi pertinent que jamais. Des individus aux prises avec des luttes personnelles aux nations aux prises avec des bouleversements sociaux, l'appel à la repentance offre un chemin vers la guérison, la réconciliation et le renouveau. En examinant les vérités intemporelles de la prophétie d'Osée, les lecteurs seront équipés pour confronter leurs propres défauts, rechercher le pardon et se lancer dans un voyage de restauration spirituelle.

Au cœur, le livre d'Osée est un témoignage de l'amour inflexible de Dieu et de Sa poursuite incessante de Ses enfants égarés. À travers les images vives du mariage d'Osée avec la Gomer infidèle et le symbolisme prophétique de l'adultère spirituel d'Israël, les lecteurs sont confrontés aux conséquences du péché et à la promesse de la miséricorde divine. Alors que nous parcourons les pages d'Osée, nous sommes rappelés que la repentance n'est pas simplement un événement ponctuel mais un engagement de toute une vie à se détourner du péché et à revenir vers Dieu.

En conclusion, le livre d'Osée sert de témoignage puissant du pouvoir transformateur de la repentance – un voyage marqué par l'humilité, la brisure et finalement, la restauration. Alors que nous nous lançons dans ce voyage ensemble, souvenons-nous de l'amour de Dieu et de sa poursuite incessante de la réconciliation avec ses enfants.

Répondons à l'appel à la repentance, embrassons le chemin du prodigue et vivre la joie de la réconciliation avec notre Père céleste.

PARTIE 1 – Le Voyage à travers Osée

Chaque section commence par le chapitre correspondant dans le livre d'Osée.

Le Jugement Divin

La parole de l'Éternel qui fut adressée à Osée, fils de Beéri, au temps d'Ozias, de Jotham, d'Achaz, d'Ézéchias, rois de Juda, et au temps de Jéroboam, fils de Joas, roi d'Israël.

La première fois que l'Éternel adressa la parole à Osée, l'Éternel dit à Osée: Va, prends une femme prostituée et des enfants de prostitution; car le pays se prostitue, il abandonne l'Éternel!

Il alla, et il prit Gomer, fille de Diblaïm. Elle conçut, et lui enfanta un fils.

Et l'Éternel lui dit: Appelle-le du nom de Jizreel; car encore un peu de temps, et je châtierai la maison de Jéhu pour le sang versé à Jizreel, je mettrai fin au royaume de la maison d'Israël.

En ce jour-là, je briserai l'arc d'Israël dans la vallée de Jizreel.

Elle conçut de nouveau, et enfanta une fille. Et l'Éternel dit à Osée: Donne-lui le nom de Lo Ruchama; car je n'aurai plus pitié de la maison d'Israël, je ne lui pardonnerai plus.

Mais j'aurai pitié de la maison de Juda; je les sauverai par l'Éternel, leur Dieu, et je ne les sauverai ni par l'arc, ni par l'épée, ni par les combats, ni par les chevaux, ni par les cavaliers.

Elle sevra Lo Ruchama; puis elle conçut, et enfanta un fils.

Et l'Éternel dit: Donne-lui le nom de Lo Ammi; car vous n'êtes pas mon peuple, et je ne suis pas votre Dieu.

Cependant le nombre des enfants d'Israël sera comme le sable de la mer, qui ne peut ni se mesurer ni se compter; et au lieu qu'on leur disait: Vous n'êtes pas mon peuple! on leur dira: Fils du Dieu vivant!

Les enfants de Juda et les enfants d'Israël se rassembleront, se donneront un chef, et sortiront du pays; car grande sera la journée de Jizreel.

Amen_

Ce premier chapitre du livre d'Osée s'ouvre sur une révélation puissante du Seigneur au prophète Osée.
La parole du Seigneur vient à Osée, lui commandant de prendre une femme de prostitution et d'avoir des enfants, car le pays commet une grande prostitution en abandonnant le Seigneur. Le thème global du livre - un appel à la repentance et à la restauration au milieu du contexte de l'adultère spirituel et de l'infidélité.

En plongeant dans ce chapitre, nous rencontrons la signification symbolique du mariage d'Osée avec Gomer, la naissance de leurs enfants et les noms qui leur sont donnés par le Seigneur. Chaque aspect de ce récit sert de rappel poignant de l'infidélité spirituelle d'Israël et de ses conséquences. En examinant de plus près, nous observons que le mariage d'Osée avec Gomer représente la relation d'alliance entre Dieu et son peuple. L'infidélité de Gomer reflète l'adultère spirituel d'Israël, alors qu'ils abandonnent le Seigneur pour poursuivre d'autres dieux et s'adonner à l'idolâtrie.

La naissance des enfants d'Osée - Jizreel, Loruhamah et Lo-Ammi - symbolise davantage le jugement et les conséquences qui attendent la nation en raison de leur désobéissance. Le nom Jizreel, signifiant "Dieu sème", rappelle la souveraineté et la providence de Dieu, même au milieu du jugement. Cependant, il porte également des connotations de punition, car il fait allusion au massacre à Jizreel prophétisé par le prophète Élie. Les noms Lo-Ruhamah, signifiant "Pas de compassion", et Lo-Ammi, signifiant "Pas mon peuple", reflètent la sévérité du jugement de Dieu sur son peuple. À travers ces noms, le Seigneur déclare son intention de retirer sa miséricorde et de renier son peuple en raison de leur rébellion persistante et de leur infidélité.

En appliquant les leçons de la prophétie d'Osée à nos vies aujourd'hui, nous sommes confrontés à la réalité sévère de l'adultère spirituel et aux conséquences de l'abandon du Seigneur. Comme Israël, nous avons tendance à errer et à poursuivre d'autres dieux - que ce soient des possessions matérielles, des plaisirs mondains ou des ambitions égoïstes.

Cependant, tout comme Dieu est resté fidèle à Israël malgré leur infidélité, il étend sa grâce et sa miséricorde, nous invitant à nous repentir et à revenir vers lui. L'histoire d'Osée et de Gomer sert de métaphore puissante pour la poursuite incessante de Dieu envers son peuple, même face à leur rébellion et leur infidélité. Elle nous rappelle la profondeur de l'amour de Dieu et son désir de réconciliation avec ses enfants égarés.

PRIONS –

Père céleste, alors que nous réfléchissons au message de la prophétie d'Osée, nous reconnaissons notre propre tendance à errer et à poursuivre d'autres dieux. Pardonne-nous pour notre adultère spirituel et notre infidélité.

Aide-nous à revenir à toi de tout notre cœur, à nous repentir de nos péchés et à renouveler notre relation d'alliance avec toi.

Merci pour ton amour indéfectible et ta miséricorde infinie, qui est renouvelés chaque matin.

Puissions-nous répondre à ton appel, à la repentance et vivre la plénitude de la vie que l'on trouve en toi seul.

Au nom de Jésus, Amen.

Alliance Renouvelée

Dites à vos frères: Ammi! et à vos soeurs: Ruchama!

Plaidez, plaidez contre votre mère, car elle n'est point ma femme, et je ne suis point son mari! Qu'elle ôte de sa face ses prostitutions, et de son sein ses adultères!

Sinon, je la dépouille à nu, je la mets comme au jour de sa naissance, je la rends semblable à un désert, à une terre aride, et je la fais mourir de soif; et je n'aurai pas pitié de ses enfants, car ce sont des enfants de prostitution.

Leur mère s'est prostituée, celle qui les a conçus s'est déshonorée, car elle a dit: J'irai après mes amants, qui me donnent mon pain et mon eau, ma laine et mon lin, mon huile et ma boisson.

C'est pourquoi voici, je vais fermer son chemin avec des épines et y élever un mur, afin qu'elle ne trouve plus ses sentiers.

Elle poursuivra ses amants, et ne les atteindra pas; elle les cherchera, et ne les trouvera pas. Puis elle dira: J'irai, et je retournerai vers mon premier mari, car alors j'étais plus heureuse que maintenant.

Elle n'a pas reconnu que c'était moi qui lui donnais le blé, le moût et l'huile; et l'on a consacré au service de Baal l'argent et l'or que je lui prodiguais.

C'est pourquoi je reprendrai mon blé en son temps et mon moût dans sa saison, et j'enlèverai ma laine et mon lin qui devaient couvrir sa nudité.

Et maintenant je découvrirai sa honte aux yeux de ses amants, et nul ne la délivrera de ma main.

Ce deuxième chapitre du livre d'Osée poursuit les images puissantes et les messages prophétiques introduits dans le premier chapitre.

Je ferai cesser toute sa joie, ses fêtes, ses nouvelles lunes, ses sabbats et toutes ses solennités.

Je ravagerai ses vignes et ses figuiers, dont elle disait: C'est le salaire que m'ont donné mes amants! Je les réduirai en une forêt, et les bêtes des champs les dévoreront.

Je la châtierai pour les jours où elle encensait les Baals, où elle se parait de ses anneaux et de ses colliers, allait après ses amants, et m'oubliait, dit l'Éternel.

C'est pourquoi voici, je veux l'attirer et la conduire au désert, et je parlerai à son coeur.

Là, je lui donnerai ses vignes et la vallée d'Acor, comme une porte d'espérance, et là, elle chantera comme au temps de sa jeunesse, et comme au jour où elle remonta du pays d'Égypte.

En ce jour-là, dit l'Éternel, tu m'appelleras: Mon mari! et tu ne m'appelleras plus: Mon maître!

J'ôterai de sa bouche les noms des Baals, afin qu'on ne les mentionne plus par leurs noms.

En ce jour-là, je traiterai pour eux une alliance avec les bêtes des champs, les oiseaux du ciel et les reptiles de la terre, je briserai dans le pays l'arc, l'épée et la guerre, et je les ferai reposer avec sécurité.

Je serai ton fiancé pour toujours; je serai ton fiancé par la justice, la droiture, la grâce et la miséricorde; je serai ton fiancé par la fidélité, et tu reconnaîtras l'Éternel.

En ce jour-là, j'exaucerai, dit l'Éternel, j'exaucerai les cieux, et ils exauceront la terre; la terre exaucera le blé, le moût et l'huile, et ils exauceront Jizreel.

Je planterai pour moi Lo Ruchama dans le pays, et je lui ferai miséricorde; je dirai à Lo Ammi: Tu es mon peuple! et il répondra: Mon Dieu!

*Amen_*

Ici, le Seigneur commande à Osée de supplier ses frères de plaider auprès de leur mère (Israël), car elle n'est plus sa femme, et il n'est plus son mari en raison de son infidélité. Le chapitre se déroule avec une imagerie vivante de l'adultère spirituel d'Israël, des conséquences de ses actions et de la promesse de restauration.

Alors que nous plongeons dans ce chapitre, nous observons la profondeur de l'infidélité d'Israël et la réponse du Seigneur à sa rébellion. Le Seigneur décrit Israël comme une épouse adultère qui poursuit d'autres amants, symbolisant la poursuite de la nation envers de faux dieux et l'idolâtrie. Malgré les bénédictions et les provisions du Seigneur, Israël se détourne de Lui, cherchant satisfaction et sécurité dans les plaisirs et les alliances mondaines.

Les conséquences de l'infidélité d'Israël sont graves, car le Seigneur prononce un jugement contre elle. Il déclare qu'il la dépouillera de ses vêtements, exposera sa honte devant ses amants et mettra fin à ses festivités et ses festivals. L'imagerie de la punition d'Israël sert d'avertissement sévère sur les conséquences de l'adultère spirituel et la sévérité du jugement de Dieu.

Cependant, au milieu du jugement, il y a un rayon d'espoir alors que le Seigneur promet de ramener Israël à Lui-même. Il déclare qu'il lui parlera avec tendresse, restaurera ses vignobles et renouvellera son alliance avec elle. Cette promesse de restauration démontre l'amour et la fidélité du Seigneur, même face à la rébellion de Son peuple.

Le message de la prophétie d'Osée a une profonde pertinence pour nous aujourd'hui. Comme Israël, nous sommes enclins à l'adultère spirituel, poursuivant de faux dieux et des plaisirs mondains au lieu de poursuivre de tout cœur une relation avec le Seigneur. Cependant, tout comme le Seigneur a poursuivi Israël avec Son amour et Sa grâce, Il nous poursuit avec le même amour infatigable, aspirant à la réconciliation et à la restauration.

Alors que nous réfléchissons aux conséquences de l'infidélité d'Israël, nous sommes rappelés de l'importance de rester fidèles au Seigneur et de protéger nos cœurs contre l'adultère spirituel. Nous sommes appelés à examiner nos vies et à identifier tout domaine d'infidélité ou d'idolâtrie, à nous repentir de nos péchés et à retourner au Seigneur avec des cœurs contrits.

La promesse de restauration trouvée dans ce chapitre nous remplit d'espoir et d'encouragement. Elle nous rappelle que peu importe à quelle distance nous nous éloignons, le Seigneur est toujours prêt et disposé à nous pardonner, à nous restaurer et à nous renouveler. Son amour ne connaît pas de limites, et Sa grâce est suffisante pour couvrir même les plus grands péchés.

PRIONS –

Père céleste, alors que nous méditons sur le message de la prophétie d'Osée, nous sommes humbles devant Ton amour et Ta fidélité durables envers Ton peuple.

Pardonne-nous pour notre adultère spirituel et notre infidélité, et aide-nous à nous tourner entièrement vers Toi.

Merci pour Ta promesse de restauration et de renouvellement, qui nous remplit d'espoir et de confiance en Ton amour infini.

Puissions-nous rester fermes dans notre engagement envers Toi, recherchant Ton visage et marchant dans Tes voies tous les jours de notre vie.

Au nom de Jésus, Amen.

Amour Restauré

L'Éternel me dit: Va encore, et aime une femme aimée d'un amant, et adultère; aime-la comme l'Éternel aime les enfants d'Israël, qui se tournent vers d'autres dieux et qui aiment les gâteaux de raisins.

Je l'achetai pour quinze sicles d'argent, un homer d'orge et un léthec d'orge.

Et je lui dis: Reste longtemps pour moi, ne te livre pas à la prostitution, ne sois à aucun homme, et je serai de même envers toi.

Car les enfants d'Israël resteront longtemps sans roi, sans chef, sans sacrifice, sans statue, sans éphod, et sans théraphim.

Après cela, les enfants d'Israël reviendront; ils chercheront l'Éternel, leur Dieu, et David, leur roi; et ils tressailliront à la vue de l'Éternel et de sa bonté, dans la suite des temps.

*Amen_*

Ici, nous avons une illustration émouvante de l'obéissance du prophète au commandement du Seigneur. Osée est instruit d'aimer une femme aimée par un autre homme, tout comme le Seigneur aime les Israélites malgré leur idolâtrie et leur infidélité. Ce chapitre sert de continuation des thèmes de la rédemption, de la restauration et de la réconciliation introduits dans les chapitres précédents.

En examinant de plus près, nous observons la profondeur de l'amour et de la miséricorde de Dieu tels que démontrés à travers les actions d'Osée. Malgré l'infidélité et la trahison de Gomer, Osée choisit de l'aimer inconditionnellement, reflétant l'amour constant du Seigneur pour son peuple. À travers le mariage d'Osée avec Gomer, le Seigneur communique un message puissant de pardon, de grâce et de rédemption.

Le commandement du Seigneur à Osée d'acheter sa femme de l'esclavage met davantage l'accent sur le thème de la rédemption. Osée rachète Gomer pour quinze sicles d'argent et un homer et demi d'orge, symbolisant le coût de la rédemption et l'abondance de la grâce de Dieu.

Cet acte de rédemption sert de représentation tangible du désir du Seigneur de restaurer sa relation avec son peuple, malgré leur égarement et leur rébellion. Alors que nous appliquons les leçons de la prophétie d'Osée à nos vies aujourd'hui, nous sommes rappelés la profondeur de l'amour de Dieu et de l'étendue de sa miséricorde.

Comme Gomer, nous avons tendance à errer et à poursuivre d'autres amants, cherchant satisfaction et épanouissement dans les plaisirs et les poursuites mondaines. Cependant, tout comme Osée a poursuivi Gomer avec un amour féroce, le Seigneur nous poursuit également avec sa grâce infaillible et sa compassion.

L'histoire d'Osée et de Gomer sert de puissant rappel du pouvoir rédempteur de l'amour de Dieu. Peu importe à quelle distance nous pouvons-nous éloigner ou à quel point nous pouvons tomber dans le péché, le Seigneur est toujours prêt et disposé à nous pardonner, nous restaurer et nous renouveler. Son amour ne connaît pas de limites, et sa grâce est plus que suffisante pour couvrir nos péchés.

PRIONS –

Père céleste, alors que nous réfléchissons au message de la prophétie d'Osée, nous sommes humbles devant ton amour et ta miséricorde infinis envers ton peuple. Pardonne-nous pour notre égarement et notre rébellion, et aide-nous à revenir à toi avec des cœurs contrits.

Merci pour ton amour rédempteur, qui ne connaît pas de limites et qui est capable de restaurer même les plus brisés et égarés d'entre nous.

Puissions-nous répondre à ton amour avec gratitude et obéissance, cherchant à marcher dans tes voies et à vivre selon ta volonté.

Au nom de Jésus, Amen.

Adultère Spirituel

Écoutez la parole de l'Éternel, enfants d'Israël! Car l'Éternel a un procès avec les habitants du pays, Parce qu'il n'y a point de vérité, point de miséricorde, Point de connaissance de Dieu dans le pays.

Il n'y a que parjures et mensonges, Assassinats, vols et adultères; On use de violence, on commet meurtre sur meurtre.

C'est pourquoi le pays sera dans le deuil, Tous ceux qui l'habitent seront languissants, Et avec eux les bêtes des champs et les oiseaux du ciel; Même les poissons de la mer disparaîtront.

Mais que nul ne conteste, que nul ne se livre aux reproches; Car ton peuple est comme ceux qui disputent avec les sacrificateurs.

Tu tomberas de jour, Le prophète avec toi tombera de nuit, Et je détruirai ta mère.

Mon peuple est détruit, parce qu'il lui manque la connaissance. Puisque tu as rejeté la connaissance, Je te rejetterai, et tu seras dépouillé de mon sacerdoce; Puisque tu as oublié la loi de ton Dieu, J'oublierai aussi tes enfants.

Plus ils se sont multipliés, plus ils ont péché contre moi: Je changerai leur gloire en ignominie.

Ils se repaissent des péchés de mon peuple, Ils sont avides de ses iniquités.

Il en sera du sacrificateur comme du peuple; Je le châtierai selon ses voies, Je lui rendrai selon ses oeuvres.

Ils mangeront sans se rassasier, Ils se prostitueront sans multiplier, Parce qu'ils ont abandonné l'Éternel et ses commandements.

La prostitution, le vin et le moût, font perdre le sens.

Mon peuple consulte son bois, Et c'est son bâton qui lui parle; Car l'esprit de prostitution égare, Et ils se prostituent loin de leur Dieu.

Ils sacrifient sur le sommet des montagnes, Ils brûlent de l'encens sur les collines, Sous les chênes, les peupliers, les térébinthes, Dont l'ombrage est agréable. C'est pourquoi vos filles se prostituent, Et vos belles-filles sont adultères.

Je ne punirai pas vos filles parce qu'elles se prostituent, Ni vos belles-filles parce qu'elles sont adultères, Car eux-mêmes vont à l'écart avec des prostituées, Et sacrifient avec des femmes débauchées. Le peuple insensé court à sa perte.

Si tu te livres à la prostitution, ô Israël, Que Juda ne se rende pas coupable; N'allez pas à Guilgal, ne montez pas à Beth Aven, Et ne jurez pas: L'Éternel est vivant!

Parce qu'Israël se révolte comme une génisse indomptable, Maintenant l'Éternel le fera paître Comme un agneau dans de vastes plaines.

Éphraïm est attaché aux idoles: laisse-le!

A peine ont-ils cessé de boire Qu'ils se livrent à la prostitution; Leurs chefs sont avides d'ignominie.

Le vent les enveloppa de ses ailes, Et ils auront honte de leurs sacrifices.

Osée, le prophète, adresse une sévère reproche au peuple d'Israël pour leur adultère spirituel et leur rébellion contre Dieu. Le chapitre commence par une accusation contre le peuple, mettant en lumière leur manque de fidélité, d'amour et de connaissance de Dieu.

Osée accuse à la fois les prêtres et le peuple de s'adonner à l'idolâtrie, à l'immoralité et à l'injustice, entraînant une désintégration de la société et un éloignement des voies de Dieu.

Nous observons la sévérité du jugement de Dieu sur Son peuple en raison de leur infidélité. Osée condamne les prêtres pour leur incapacité à remplir leurs responsabilités en tant que leaders spirituels, les conduisant plutôt dans l'égarement avec leurs pratiques idolâtres et leur comportement corrompu.

Le peuple, à son tour, est accusé d'avoir échangé la gloire de Dieu contre des idoles, de s'adonner à l'immoralité et d'abandonner la connaissance de Dieu. Les conséquences de la rébellion d'Israël sont étendues, affectant non seulement leur relation avec Dieu, mais aussi leur tissu social et moral. Osée avertit du jugement imminent qui s'abattra sur la nation, y compris la famine, la sécheresse et la captivité, en raison de leur refus de se repentir et de retourner vers le Seigneur.

Alors que nous appliquons les leçons de la prophétie d'Osée à nos vies aujourd'hui, nous sommes confrontés à la réalité alarmante de l'adultère spirituel et de la rébellion contre Dieu. Comme le peuple d'Israël, nous avons tendance à errer et à poursuivre d'autres dieux, cherchant satisfaction et épanouissement dans les plaisirs et les poursuites mondaines.

Cependant, tout comme Osée a appelé le peuple à se repentir, Dieu nous appelle également à nous détourner de nos péchés et à revenir à Lui avec des cœurs contrits. Le message de la prophétie d'Osée nous sert d'avertissement sur les conséquences de l'infidélité et de la désobéissance. Il nous rappelle que Dieu est un Dieu jaloux qui ne tolérera pas le culte des idoles ou l'abandon de Ses commandements. Pourtant, au milieu du jugement, il y a aussi un message d'espoir et de rédemption, car Dieu est prêt à pardonner et à restaurer ceux qui reviennent vers Lui.

PRIONS –

Père céleste, alors que nous réfléchissons au message de la prophétie d'Osée, nous sommes convaincus de notre propre infidélité et rébellion contre Toi. Pardonne-nous pour nos péchés et aide-nous à revenir vers Toi avec des cœurs contrits.

Merci pour Ta miséricorde et Ta grâce, qui sont renouvelées chaque matin, et pour Ta volonté de nous pardonner lorsque nous nous repentons.

Puissions-nous répondre à Ton appel à revenir à Toi et à marcher dans Tes voies, cherchant à T'honorer et à Te glorifier en tout ce que nous faisons.

Au nom de Jésus, Amen.

Discipline Divine

Écoutez ceci, sacrificateurs! Sois attentive, maison d'Israël! Prête l'oreille, maison du roi! Car c'est à vous que le jugement s'adresse, Parce que vous avez été un piège à Mitspa, Et un filet tendu sur le Thabor.

Par leurs sacrifices, les infidèles s'enfoncent dans le crime, Mais j'aurai des châtiments pour eux tous.

Je connais Éphraïm, Et Israël ne m'est point caché; Car maintenant, Éphraïm, tu t'es prostitué, Et Israël s'est souillé.

Leurs oeuvres ne leur permettent pas de revenir à leur Dieu, Parce que l'esprit de prostitution est au milieu d'eux, Et parce qu'ils ne connaissent pas l'Éternel.

L'orgueil d'Israël témoigne contre lui; Israël et Éphraïm tomberont par leur iniquité; Avec eux aussi tombera Juda.

Ils iront avec leurs brebis et leurs boeufs chercher l'Éternel, Mais ils ne le trouveront point: Il s'est retiré du milieu d'eux.

Ils ont été infidèles à l'Éternel, Car ils ont engendré des enfants illégitimes; Maintenant un mois suffira pour les dévorer avec leurs biens.

Sonnez de la trompette à Guibea, Sonnez de la trompette à Rama! Poussez des cris à Beth Aven! Derrière toi, Benjamin!

Éphraïm sera dévasté au jour du châtiment; J'annonce aux tribus d'Israël une chose certaine.

Les chefs de Juda sont comme ceux qui déplacent les bornes; Je répandrai sur eux ma colère comme un torrent.

Éphraïm est opprimé, brisé par le jugement, Car il a suivi les préceptes qui lui plaisaient.

Je serai comme une teigne pour Éphraïm, Comme une carie pour la maison de Juda.

Éphraïm voit son mal, et Juda ses plaies; Éphraïm se rend en Assyrie, et s'adresse au roi Jareb; Mais ce roi ne pourra ni vous guérir, Ni porter remède à vos plaies.

Je serai comme un lion pour Éphraïm, Comme un lionceau pour la maison de Juda; Moi, moi, je déchirerai, puis je m'en irai, J'emporterai, et nul n'enlèvera ma proie.

Je m'en irai, je reviendrai dans ma demeure, Jusqu'à ce qu'ils s'avouent coupables et cherchent ma face. Quand ils seront dans la détresse, ils auront recours à moi.
*Amen_*

Jugement et avertissement au peuple d'Israël! Osée commence en appelant les prêtres, la maison d'Israël et la maison du roi à l'attention, déclarant que le jugement est imminent en raison de leur infidélité et de leur rébellion contre Dieu. Il les accuse d'adultère spirituel, de violence et de tromperie, dressant un sombre tableau des conséquences qui les attendent s'ils ne se repentent pas et ne reviennent pas au Seigneur.

Nous observons l'appel passionné d'Osée au peuple de revenir à Dieu avant qu'il ne soit trop tard. Il les avertit que leur infidélité et leur rébellion ont provoqué la colère du Seigneur, entraînant punition et destruction. Le refus du peuple de reconnaître ses péchés et de chercher le pardon ne fera qu'entraîner davantage de désolation et de désespoir. Osée utilise des images vives pour transmettre la sévérité du jugement de Dieu sur Son peuple. Il compare leur infidélité à une maladie qui se propage et leur méchanceté à une plaie pourrie qui refuse de guérir.

Malgré la discipline et le châtiment du Seigneur, le peuple reste obstiné et non repentant, choisissant plutôt de demander de l'aide à l'Assyrie et à l'Égypte, des nations étrangères qui finiront par les trahir et les détruire. Les leçons de la prophétie d'Osée pour nos vies aujourd'hui nous confrontent aux conséquences de l'infidélité et de la rébellion contre Dieu. Comme le peuple d'Israël, nous avons tendance à errer et à poursuivre d'autres dieux, cherchant satisfaction et sécurité dans les plaisirs et les alliances mondaines.

Cependant, tout comme Osée a appelé le peuple à se repentir, Dieu nous appelle également à nous détourner de nos péchés et à revenir à Lui avec des cœurs contrits. Le message de la prophétie d'Osée nous rappelle l'importance d'une repentance authentique et de l'obéissance aux commandements de Dieu. Il nous avertit des dangers de compter sur la force humaine et la sagesse mondaine, plutôt que de faire confiance au Seigneur et de chercher Sa direction.

Ce n'est qu'en revenant à Dieu et en demandant Son pardon que nous pouvons éviter les conséquences dévastatrices de l'adultère spirituel et de la rébellion.

Prions –

Père céleste, alors que nous réfléchissons au message de la prophétie d'Osée, nous sommes convaincus de notre propre infidélité et rébellion contre Toi.

Pardonne-nous pour nos péchés et aide-nous à revenir vers Toi avec des cœurs contrits.

Merci pour Ta miséricorde et Ta grâce, qui sont renouvelées chaque matin, et pour Ta volonté de nous pardonner lorsque nous nous repentons.

Puissions-nous répondre à Ton appel à revenir à Toi et à marcher dans Tes voies, cherchant à T'honorer et à Te glorifier en tout ce que nous faisons.

Au nom de Jésus, Amen.

Repentance et Restauration

Venez, retournons à l'Éternel! Car il a déchiré, mais il nous guérira; Il a frappé, mais il bandera nos plaies.

Il nous rendra la vie dans deux jours; Le troisième jour il nous relèvera, Et nous vivrons devant lui.

Connaissons, cherchons à connaître l'Éternel; Sa venue est aussi certaine que celle de l'aurore. Il viendra pour nous comme la pluie, Comme la pluie du printemps qui arrose la terre.

Que te ferai-je, Éphraïm? Que te ferai-je, Juda? Votre piété est comme la nuée du matin, Comme la rosée qui bientôt se dissipe.

C'est pourquoi je les frapperai par les prophètes, Je les tuerai par les paroles de ma bouche, Et mes jugements éclateront comme la lumière.

Car j'aime la piété et non les sacrifices, Et la connaissance de Dieu plus que les holocaustes.

Ils ont, comme le vulgaire, transgressé l'alliance; C'est alors qu'ils m'ont été infidèles.

Galaad est une ville de malfaiteurs, Elle porte des traces de sang.

La troupe des sacrificateurs est comme une bande en embuscade, Commettant des assassinats sur le chemin de Sichem; Car ils se livrent au crime.

Dans la maison d'Israël j'ai vu des choses horribles: Là Éphraïm se prostitue, Israël se souille.

Espoir et Restauration au milieu du jugement et de la discipline. Le chapitre commence par un appel à retourner vers le Seigneur, reconnaissant Sa souveraineté et Sa bonté. Le peuple exprime le désir de se repentir et de rechercher la faveur du Seigneur, reconnaissant qu'Il est la source de guérison et de restauration. Osée encourage le peuple à persévérer dans sa quête de Dieu, leur assurant qu'Il répondra à leur repentir sincère avec compassion et grâce.

Il y a un contraste entre les expressions extérieures de repentance du peuple et leur condition intérieure de tiédeur spirituelle. Osée réprimande le peuple pour sa repentance superficiel, la comparant à un nuage passager ou à la rosée du matin qui s'évapore rapidement.

Il souligne l'importance d'une repentance authentique et d'une obéissance ferme aux commandements de Dieu, plutôt que de simples pratiques rituelles ou religieuses vides de sens. Malgré les échecs et les lacunes répétés du peuple, Osée les assure de la fidélité et de l'amour inébranlables de Dieu. Il déclare que le Seigneur désire la miséricorde, plutôt que le sacrifice, et la connaissance de Dieu, plutôt que les holocaustes.

La clé pour expérimenter la bénédiction et la faveur de Dieu réside non pas dans des manifestations extérieures de piété, mais dans une dévotion sincère et une obéissance à Sa volonté. Nous sommes rappelés l'importance d'une repentance authentique et d'une dévotion sincère envers Dieu. Comme le peuple d'Israël, nous avons tendance à des démonstrations superficielles de religiosité, tout en négligeant les questions plus sérieuses du cœur. Cependant, Dieu désire une relation avec nous qui soit marquée par l'authenticité, l'humilité et l'obéissance.

Le message de la prophétie d'Osée nous met au défi d'examiner nos propres cœurs et motivations, en veillant à ce que notre repentir soit authentique et notre engagement envers Dieu inébranlable. Il nous rappelle que Dieu se préoccupe davantage de l'état de nos cœurs que des manifestations extérieures de piété ou d'observance religieuse. Il désire un peuple qui l'aime de tout son cœur et marche dans l'obéissance à Ses commandements.

Prions —

Père céleste, alors que nous réfléchissons au message de la prophétie d'Osée, nous sommes convaincus de notre propre tiédeur spirituelle et superficialité.

Pardonne-nous pour notre hypocrisie et notre insincérité, et aide-nous à revenir vers Toi avec un repentir sincère et une dévotion sincère.

Merci pour Ta fidélité et Ton amour inébranlables, qui durent éternellement.

Puissions-nous Te chercher de tout notre cœur et marcher dans l'obéissance à Ta volonté, expérimentant les bénédictions et la faveur qui viennent d'une vie abandonné à Toi.

Au nom de Jésus, Amen.

Rébellion Nationale

Lorsque je voulais guérir Israël, L'iniquité d'Éphraïm et la méchanceté de Samarie se sont révélées, Car ils ont agi frauduleusement; Le voleur est arrivé, la bande s'est répandue au dehors.

Ils ne se disent pas dans leur cœur Que je me souviens de toute leur méchanceté; Maintenant leurs œuvres les entourent, Elles sont devant ma face.

Ils réjouissent le roi par leur méchanceté, Et les chefs par leurs mensonges.

Ils sont tous adultères, Semblables à un four chauffé par le boulanger: Il cesse d'attiser le feu Depuis qu'il a pétri la pâte jusqu'à ce qu'elle soit levée.

Au jour de notre roi, Les chefs se rendent malades par les excès du vin; Le roi tend la main aux moqueurs.

Ils appliquent aux embûches leur cœur pareil à un four; Toute la nuit dort leur boulanger, Et au matin le four brûle comme un feu embrasé.

Ils sont tous ardents comme un four, Et ils dévorent leurs juges; Tous leurs rois tombent: Aucun d'eux ne m'invoque.

Éphraïm se mêle avec les peuples, Éphraïm est un gâteau qui n'a pas été retourné.

Des étrangers consument sa force, Et il ne s'en doute pas; La vieillesse s'empare de lui, Et il ne s'en doute pas.

L'orgueil d'Israël témoigne contre lui; Ils ne reviennent pas à l'Éternel, leur Dieu, Et ils ne le cherchent pas, malgré tout cela.

Éphraïm est comme une colombe stupide, sans intelligence; Ils implorent l'Égypte, ils vont en Assyrie.

S'ils partent, j'étendrai sur eux mon filet, Je les précipiterai comme les oiseaux du ciel; Je les châtierai, comme ils en ont été avertis dans leur assemblée.

Malheur à eux, parce qu'ils me fuient! Ruine sur eux, parce qu'ils me sont infidèles! Je voudrais les sauver, Mais ils disent contre moi des paroles mensongères.

Ils ne crient pas vers moi dans leur cœur, Mais ils se lamentent sur leur couche; Ils se rassemblent pour avoir du blé et du moût, Et ils s'éloignent de moi.

Je les ai châtiés, j'ai fortifié leurs bras; Et ils méditent le mal contre moi.

Ce n'est pas au Très Haut qu'ils retournent; Ils sont comme un arc trompeur. Leurs chefs tomberont par l'épée, A cause de l'insolence de leur langue. C'est ce qui les rendra un objet de risée dans le pays d'Égypte.
Amen_

Osée commence par déplorer la décadence spirituelle et la corruption morale qui règnent dans le pays, décrivant comment les péchés du peuple les ont empêchés de revenir vers le Seigneur. Il met en lumière la prévalence de la tromperie, des mensonges et de la trahison parmi le peuple, ainsi que leur refus de reconnaître leur besoin de repentance et de restauration.

Les conséquences tragiques de la rébellion continuent d'Israël contre Dieu. Malgré Ses avertissements répétés et appels à la repentance, le peuple persiste dans ses voies pécheresses, abandonnant le Seigneur et poursuivant ses propres désirs égoïstes. Osée déplore la cécité spirituelle et l'entêtement de la nation, notant comment leurs cœurs sont endurcis contre la vérité de Dieu et leurs oreilles fermées à Sa voix.

La désobéissance d'Israël est grave, comme le décrit Osée, ils sont devenus comme un gâteau à moitié cuit, ni complètement cuit ni complètement levé. Leurs alliances avec des nations étrangères et leur confiance en la force humaine se sont révélées futiles, les laissant vulnérables à l'attaque et à la destruction. Pourtant, même au milieu du jugement, il y a un rayon d'espoir alors que Osée appelle le peuple à retourner vers le Seigneur et à chercher Son pardon et Sa miséricorde.

Aujourd'hui, nous sommes confrontés à la réalité de notre propre condition spirituelle. Comme Israël, nous sommes enclins à la rébellion et à l'infidélité, permettant au péché de nous séparer de Dieu et d'entraver notre relation avec Lui. Cependant, tout comme Osée a appelé le peuple à la repentance, Dieu nous appelle aussi à nous détourner de nos péchés et à retourner vers Lui avec des cœurs contrits.
Cela est un rappel de la fidélité et de l'amour inébranlables de Dieu, même face à notre désobéissance et à notre rébellion. Il aspire à nous pardonner et à nous restaurer, si seulement nous nous humilions, confessons nos péchés et cherchons Son visage. L'invitation à retourner vers le Seigneur est étendue à chacun de nous, peu importe nos échecs ou nos défauts passés.

Prions –

Que les mots de votre Père céleste résonnent clairement dans votre cœur, votre esprit et votre âme...

Mon enfant bien-aimé,

Je t'appelle, t'invitant à revenir vers Moi de tout ton cœur. J'ai vu tes luttes, tes échecs et ta douleur, et je désire ardemment apporter guérison et restauration à ta vie. Ne laisse pas les soucis de ce monde ou la tromperie du péché endurcir ton cœur contre Moi. Je suis là, t'attendant à bras ouverts, prêt à te pardonner et à t'envelopper de Mon amour et de Ma grâce.

Tu peux te sentir indigne ou honteux de tes erreurs passées, mais sache que Je suis un Dieu de miséricorde et de compassion. Rien de ce que tu as fait ne peut te séparer de Mon amour. J'ai payé le prix de tes péchés par le sacrifice de Mon Fils, Jésus-Christ, et Je t'offre le don du salut et de la vie éternelle.

Ne tarde pas à répondre à Mon invitation. Aujourd'hui est le jour du salut ; c'est maintenant le temps de revenir vers Moi et de vivre la plénitude de Mon amour et de Ma grâce. Repens-toi de tes péchés, détourne-toi de tes égarements et reviens vers Moi avec un cœur sincère et contrit. Je ne te rejetterai pas ; Je te recevrai dans Ma présence avec joie et allégresse.

Je désire te restaurer, te renouveler et te transformer en la personne que Je t'ai créée pour être. Fais-Moi confiance, appuie-toi sur Moi et permets-Moi de te guider sur le chemin de la justice et de la paix. Je suis toujours avec toi, te guidant, te protégeant et t'aimant d'un amour éternel.

Viens à Moi, mon enfant bien-aimé, et laisse-Moi remplir ton cœur de Ma paix, de Ma joie et de Mon amour infaillible. Je t'attends à bras ouverts.

Conséquences de l'Idolâtrie

Embouche la trompette! L'ennemi fond comme un aigle sur la maison de l'Éternel, Parce qu'ils ont violé mon alliance, Et transgressé ma loi.

Ils crieront vers moi: Mon Dieu, nous te connaissons, nous Israël!

Israël a rejeté le bien; L'ennemi le poursuivra.

Ils ont établi des rois sans mon ordre, Et des chefs à mon insu; Ils ont fait des idoles avec leur argent et leur or; C'est pourquoi ils seront anéantis.

L'Éternel a rejeté ton veau, Samarie! Ma colère s'est enflammée contre eux. Jusques à quand refuseront-ils de se purifier?

Il vient d'Israël, un ouvrier l'a fabriqué, Et ce n'est pas Dieu; C'est pourquoi le veau de Samarie sera mis en pièces.

Puisqu'ils ont semé du vent, ils moissonneront la tempête; Ils n'auront pas un épi de blé; Ce qui poussera ne donnera point de farine, Et s'il y en avait, des étrangers la dévoreraient.

Israël est anéanti! Ils sont maintenant parmi les nations Comme un vase qui n'a pas de prix.

Car ils sont allés en Assyrie, Comme un âne sauvage qui se tient à l'écart; Éphraïm a fait des présents pour avoir des amis.

Quand même ils font des présents parmi les nations, Je vais maintenant les rassembler, Et bientôt ils souffriront sous le fardeau du roi des princes.

Éphraïm a multiplié les autels pour pécher, Et ces autels l'ont fait tomber dans le péché.

Que j'écrive pour lui toutes les ordonnances de ma loi, Elles sont regardées comme quelque chose d'étranger.

Ils immolent des victimes qu'ils m'offrent, Et ils en mangent la chair: L'Éternel n'y prend point de plaisir. Maintenant l'Éternel se souvient de leur iniquité, Et il punira leurs péchés: Ils retourneront en Égypte.

Israël a oublié celui qui l'a fait, Et a bâti des palais, Et Juda a multiplié les villes fortes; Mais j'enverrai le feu dans leurs villes, Et il en dévorera les palais.

*Amen_*

La rébellion persistante d'Israël contre Dieu! Le chapitre s'ouvre avec Osée proclamant le jugement imminent sur Israël pour leur idolâtrie et leur désobéissance. Il condamne le peuple pour avoir fait des alliances avec des nations étrangères et s'être appuyé sur sa propre force et ses propres ressources plutôt que de faire confiance au Seigneur. Osée avertit que leurs pratiques idolâtres et leur confiance en la sagesse humaine mèneront ultimement à leur chute et à leur destruction.

La profondeur de l'infidélité et de la rébellion d'Israël contre Dieu. Malgré Ses avertissements répétés et Ses appels à la repentance, le peuple persiste dans ses voies pécheresses, cherchant sécurité et satisfaction dans des alliances mondaines et des possessions matérielles.

Osée déplore la cécité spirituelle et l'entêtement de la nation, notant comment ils se sont détournés du Seigneur et ont embrassé l'idolâtrie.

Les conséquences de la désobéissance d'Israël sont sévères, Osée décrivant comment ils ont semé le vent et récolteront la tempête. Leur poursuite des idoles et leur confiance en la force humaine ne mèneront qu'à la déception et à la destruction. Pourtant, même au milieu du jugement, il y a un éclat d'espoir alors qu'Osée appelle le peuple à revenir au Seigneur et à chercher Son pardon et Sa miséricorde.

En appliquant les leçons de la prophétie d'Osée à nos vies aujourd'hui, nous sommes confrontés à la réalité de notre propre condition spirituelle. Comme Israël, nous sommes enclins à la rébellion et à l'infidélité, laissant le péché nous séparer de Dieu et entraver notre relation avec Lui.

Cependant, tout comme Osée a appelé le peuple à la repentance, Dieu nous appelle également à nous détourner de nos péchés et à revenir à Lui avec des cœurs contrits.

Le message de la prophétie d'Osée sert de rappel de la futilité de se fier à la force humaine et à la sagesse mondaine. La véritable sécurité et satisfaction ne peuvent être trouvées que dans une relation avec Dieu, qui seul est digne de notre confiance et de notre dévouement. Il désire pardonner et nous restaurer, si seulement nous nous humilions, confessons nos péchés et cherchons Sa face.

Alors que je réfléchis au message de la prophétie d'Osée, je suis convaincu de ma propre tendance à me fier à ma propre force et à ma propre compréhension plutôt qu'à faire confiance au Seigneur.

Combien de fois ai-je poursuivi des alliances mondaines et des possessions matérielles à la recherche de sécurité et de satisfaction, pour me retrouver déçu et désillusionné ?

Combien de fois ai-je permis au péché de me séparer de Dieu, entravant ma relation avec Lui et m'empêchant de vivre Ses bénédictions et Son favori ?

Pourtant, même au milieu de ma rébellion et de mon infidélité, Dieu reste fidèle. Il tend Sa main de miséricorde et de grâce, m'invitant à revenir à Lui avec un cœur contrit. Il désire me pardonner et me restaurer, me renouveler et me transformer en la personne qu'Il m'a créée pour être. Puissé-je répondre à Son appel à la repentance, en me détournant de mes péchés et en revenant à Lui de tout mon cœur.

Prions –

Père céleste, je confesse mes péchés et mes lacunes devant Toi, sachant que Tu es fidèle et juste pour me pardonner et me purifier de toute injustice.

Pardonne-moi pour ma rébellion et mon infidélité, pour avoir cherché sécurité et satisfaction dans des alliances mondaines et des possessions matérielles plutôt que de faire confiance en Toi seul.

Aide-moi à me détourner de mes péchés et à revenir à Toi avec un cœur contrit.

Remplis-moi de Ton Esprit Saint, en me renouvelant et en me transformant en la personne que Tu m'as créée pour être.

Puissé-je avoir confiance en Toi seul pour ma sécurité et ma satisfaction, cherchant Ta volonté et Tes voies avant tout.

Au nom de Jésus, Amen.

Le jugement pour l'idolâtrie d'Israël

*Israël, ne te livre pas à la joie, à l'allégresse, comme les peuples,
De ce que tu t'es prostitué en abandonnant l'Éternel, De ce que tu
as aimé un salaire impur dans toutes les aires à blé!*

*L'aire et le pressoir ne les nourriront pas, Et le moût leur fera
défaut.*

*Ils ne resteront pas dans le pays de l'Éternel; Éphraïm retournera
en Égypte, Et ils mangeront en Assyrie des aliments impurs.*

*Ils ne feront pas à l'Éternel des libations de vin: Elles ne lui
seraient point agréables. Leurs sacrifices seront pour eux comme
un pain de deuil; Tous ceux qui en mangeront se rendront impurs;
Car leur pain ne sera que pour eux, Il n'entrera point dans la
maison de l'Éternel.*

*Que ferez-vous aux jours solennels, Aux jours des fêtes de
l'Éternel?*

*Car voici, ils partent à cause de la dévastation; L'Égypte les
recueillera, Moph leur donnera des sépulcres; Ce qu'ils ont de
précieux, leur argent, sera la proie des ronces, Et les épines
croîtront dans leurs tentes.*

*Ils arrivent, les jours du châtiment, Ils arrivent, les jours de la
rétribution: Israël va l'éprouver! Le prophète est fou, l'homme
inspiré a le délire, A cause de la grandeur de tes iniquités et de tes
rébellions.*

Éphraïm est une sentinelle contre mon Dieu; Le prophète... un filet d'oiseleur est sur toutes ses voies, Un ennemi dans la maison de son Dieu.

Ils sont plongés dans la corruption, comme aux jours de Guibea; L'Éternel se souviendra de leur iniquité, Il punira leurs péchés.

J'ai trouvé Israël comme des raisins dans le désert, J'ai vu vos pères comme les premiers fruits d'un figuier; Mais ils sont allés vers Baal Peor, Ils se sont consacrés à l'infâme idole, Et ils sont devenus abominables comme l'objet de leur amour.

La gloire d'Éphraïm s'envolera comme un oiseau: Plus de naissance, plus de grossesse, plus de conception.

S'ils élèvent leurs enfants, Je les en priverai avant qu'ils soient des hommes; Et malheur à eux, quand je les abandonnerai!

Éphraïm, aussi loin que portent mes regards du côté de Tyr, Est planté dans un lieu agréable; Mais Éphraïm mènera ses enfants vers celui qui les tuera.

Donne-leur, ô Éternel!... Que leur donneras-tu?... Donne-leur un sein qui avorte et des mamelles desséchées!

Toute leur méchanceté se montre à Guilgal; C'est là que je les ai pris en aversion. A cause de la malice de leurs œuvres, Je les chasserai de ma maison. Je ne les aimerai plus; Tous leurs chefs sont des rebelles.

Éphraïm est frappé, sa racine est devenue sèche; Ils ne porteront plus de fruit; Et s'ils ont des enfants, Je ferai périr les objets de leur tendresse.

Osée prophétise sur le jugement imminent qui s'abattra sur Israël pour ses péchés, en particulier son idolâtrie et son rejet du Seigneur. Il décrit comment le peuple s'est égaré, poursuivant de faux dieux et se fiant à sa propre force plutôt que de compter sur le Seigneur. Osée avertit que leur rébellion entraînera la destruction et l'exil, car ils récolteront les conséquences de leurs actions. Nous remarquons la gravité de la rébellion d'Israël contre Dieu et les conséquences auxquelles ils sont confrontés. Malgré les avertissements répétés de Dieu et les appels à la repentance, le peuple persiste dans ses voies pécheresses, choisissant de vénérer des idoles et de se fier à ses propres capacités plutôt que de compter sur le Seigneur. Osée déplore la cécité spirituelle et l'entêtement de la nation, notant comment ils ont abandonné le vrai Dieu pour de faux dieux qui ne peuvent pas les sauver.

Outre le thème du jugement et des conséquences, ce chapitre soulève également le concept du corps comme temple du Saint-Esprit, comme mentionné dans 1 Corinthiens 6:19. Bien que le contexte immédiat de la prophétie d'Osée se concentre sur l'adultère spirituel et l'idolâtrie d'Israël, le principe biblique - du corps comme temple nous rappelle l'importance d'honorer Dieu avec nos corps physiques.

En appliquant les leçons de la prophétie d'Osée à nos vies aujourd'hui, nous sommes confrontés à la réalité de notre propre condition spirituelle. Comme Israël, nous sommes enclins à la rébellion et à l'infidélité, permettant au péché de nous séparer de Dieu et de compromettre notre relation avec Lui. Cependant, tout comme Osée a appelé le peuple à la repentance, Dieu nous appelle également à nous détourner de nos péchés et à revenir à Lui avec des cœurs contrits.

Le concept du corps comme temple du Saint-Esprit sert de puissant rappel de la sacralité de nos corps physiques. En tant que disciples du Christ, nous sommes appelés à honorer Dieu avec nos corps, en les traitant avec respect et dignité. Cela signifie s'abstenir de l'immoralité sexuelle, éviter l'abus de substances et rechercher la sainteté et la pureté dans tous les aspects de notre vie.

De plus, tout comme Osée a averti Israël des conséquences de leur rébellion, nous sommes également confrontés aux conséquences de nos actions. Lorsque nous déshonorons Dieu avec nos corps par un comportement pécheur, nous attristons le Saint-Esprit et entravons notre communion avec Lui. Cependant, lorsque nous honorons Dieu avec nos corps et vivons dans l'obéissance à Ses commandements, nous expérimentons la plénitude de Ses bénédictions et de Sa faveur.

Réfléchissons au message de la prophétie d'Osée et au concept du corps comme temple du Saint-Esprit.

Prions –

Père céleste, je confesse mes péchés et mes lacunes devant Toi, sachant que Tu es fidèle et juste pour me pardonner et me purifier de toute iniquité.

Pardonne-moi d'avoir déshonoré Ton nom avec mon corps, d'avoir poursuivi mes propres désirs et plaisirs plutôt que de chercher à T'honorer en tout ce que je fais.

Aide-moi à détourner de mes péchés et à revenir à Toi avec un cœur contrit.

Remplis-moi de Ton Esprit Saint, renouvelle-moi et transforme-moi en la personne que Tu m'as créée pour être.

Que je t'honore avec mon corps, le traitant comme un temple du Saint-Esprit, et que je vive dans l'obéissance à Tes commandements tous les jours de ma vie.

Au nom de Jésus, Amen.

Récolter ce que l'on a semé

Israël était une vigne féconde, Qui rendait beaucoup de fruits. Plus ses fruits étaient abondants, Plus il a multiplié les autels; Plus son pays était prospère, Plus il a embelli les statues.

Leur cœur est partagé: ils vont en porter la peine. L'Éternel renversera leurs autels, détruira leurs statues.

Et bientôt ils diront: Nous n'avons point de roi, Car nous n'avons pas craint l'Éternel; Et le roi, que pourrait-il faire pour nous?

Ils prononcent des paroles vaines, des serments faux, Lorsqu'ils concluent une alliance: Aussi le châtiment germera, comme une plante vénéneuse Dans les sillons des champs.

Les habitants de Samarie seront consternés au sujet des veaux de Beth Aven; Le peuple mènera deuil sur l'idole, Et ses prêtres trembleront pour elle, Pour sa gloire, qui va disparaître du milieu d'eux.

Elle sera transportée en Assyrie, Pour servir de présent au roi Jareb. La confusion saisira Éphraïm, Et Israël aura honte de ses desseins.

C'est en fait de Samarie, de son roi, Comme de l'écume à la surface des eaux.

Les hauts lieux de Beth Aven, où Israël a péché, seront détruits; L'épine et la ronce croîtront sur leurs autels. Ils diront aux montagnes: Couvrez-nous! Et aux collines: Tombez sur nous!

Depuis les jours de Guibea tu as péché, Israël! Là ils restèrent debout, La guerre contre les méchants ne les atteignit pas à Guibea.

Je les châtierai à mon gré, Et des peuples s'assembleront contre eux, Quand on les enchaînera pour leur double iniquité.

Éphraïm est une génisse dressée, et qui aime à fouler le grain, Mais je m'approcherai de son beau cou; J'attellerai Éphraïm, Juda labourera, Jacob hersera.

Semez selon la justice, moissonnez selon la miséricorde, Défrichez-vous un champ nouveau! Il est temps de chercher l'Éternel, Jusqu'à ce qu'il vienne, et répande pour vous la justice.

Vous avez cultivé le mal, moissonné l'iniquité, Mangé le fruit du mensonge; Car tu as eu confiance dans ta voie, Dans le nombre de tes vaillants hommes.

Il s'élèvera un tumulte parmi ton peuple, Et toutes tes forteresses seront détruites, Comme fut détruite Schalman Beth Arbel, Au jour de la guerre, Où la mère fut écrasée avec les enfants.

*Voilà ce que vous attirera Béthel, A cause de votre extrême méchanceté, Vienne l'aurore, et c'en est fait du roi d'Israël. Amen_*

Osée prophétise sur le jugement imminent qui pèsera sur Israël à cause de leurs péchés, notamment leur idolâtrie et leur rejet du Seigneur. Il décrit comment le peuple a semé la méchanceté et récolté l'injustice, poursuivant de faux dieux et se fiant à sa propre force plutôt que de compter sur le Seigneur. Osée avertit que leur rébellion entraînera la dévastation et l'exil, alors qu'ils récoltent les conséquences de leurs actions.

Malgré les avertissements répétés de Dieu et les appels à la repentance, le peuple persiste dans ses voies pécheresses, choisissant de rendre un culte aux idoles et de se fier à ses propres capacités plutôt que de compter sur le Seigneur. Osée déplore la cécité spirituelle et l'entêtement de la nation, notant comment ils ont abandonné le vrai Dieu pour de faux dieux qui ne peuvent pas les sauver.

Osée utilise une imagerie agricole vivante pour illustrer la condition spirituelle d'Israël. Il compare la nation à une vigne luxuriante qui a autrefois prospéré sous les soins de Dieu mais est maintenant devenue dégénérée et improductive en raison de leur désobéissance. Le peuple s'est détourné de Dieu et a poursuivi ses propres désirs, négligeant la relation d'alliance qu'ils partageaient autrefois avec Lui.
En plus du thème du jugement et des conséquences, ce chapitre met également en lumière le concept de repentance et l'importance de la transformation du cœur. Osée exhorte le peuple à briser leur terre inculte, à chercher le Seigneur et sa justice, et à se détourner de leurs voies pécheresses. Il les appelle à semer la justice et à récolter le fruit de l'amour fidèle, leur rappelant que seule en retournant vers le Seigneur peuvent-ils trouver une véritable restauration et un pardon.

Alors que nous appliquons les leçons de la prophétie d'Osée à nos vies aujourd'hui, nous sommes confrontés à la réalité de notre propre condition spirituelle. Comme Israël, nous sommes enclins à la rébellion et à l'infidélité, permettant au péché de nous séparer de Dieu et d'entraver notre relation avec Lui.

Cependant, tout comme Osée appelait le peuple à la repentance, Dieu nous appelle aussi à nous détourner de nos péchés et à revenir vers Lui avec des cœurs contrits. Le concept de repentance est central dans le message de la prophétie d'Osée. Il ne suffit pas au peuple d'offrir des sacrifices superficiels ou des manifestations extérieures de piété ; la vraie repentance exige une transformation sincère du cœur.

Nous sommes appelés à briser la terre inculte de nos cœurs, à nous débarrasser des idoles et des désirs pécheurs qui entravent notre relation avec Dieu, et à revenir vers Lui avec humilité et sincérité.

Tout comme Osée exhortait le peuple à semer la justice et à récolter le fruit de l'amour fidèle, nous sommes également appelés à mener des vies de sainteté et d'obéissance aux commandements de Dieu. Lorsque nous semons la justice dans nos vies, par des actes de bonté, de justice et de compassion, nous récolterons les bénédictions abondantes de l'amour fidèle et de la grâce de Dieu.

Prions –

Père céleste, je confesse mes péchés et mes manquements devant Toi, sachant que Tu es fidèle et juste pour me pardonner et me purifier de toute injustice.

Pardonne-moi pour ma rébellion et mon infidélité, pour avoir permis au péché de s'enraciner dans ma vie et d'entraver ma relation avec Toi. Aide-moi à briser la terre inculte de mon cœur, à me débarrasser des idoles et des désirs pécheurs qui me séparent de Toi, et à revenir vers Toi avec humilité et sincérité.

Remplis-moi de Ton Esprit Saint, en me renouvelant et en me transformant en la personne que Tu m'as créée pour être.

Puissé-je semer la justice dans ma vie et récolter les bénédictions abondantes de Ton amour fidèle et de Ta grâce.

Au nom de Jésus, Amen.

La Compassion Infinie de Dieu

Quand Israël était jeune, je l'aimais, Et j'appelai mon fils hors d'Égypte.

Mais ils se sont éloignés de ceux qui les appelaient; Ils ont sacrifié aux Baals, Et offert de l'encens aux idoles.

C'est moi qui guidai les pas d'Éphraïm, Le soutenant par ses bras; Et ils n'ont pas vu que je les guérissais.

Je les tirai avec des liens d'humanité, avec des cordages d'amour, Je fus pour eux comme celui qui aurait relâché le joug près de leur bouche, Et je leur présentai de la nourriture.

Ils ne retourneront pas au pays d'Égypte; Mais l'Assyrien sera leur roi, Parce qu'ils ont refusé de revenir à moi.

L'épée fondra sur leurs villes, Anéantira, dévorera leurs soutiens, A cause des desseins qu'ils ont eus.

Mon peuple est enclin à s'éloigner de moi; On les rappelle vers le Très Haut, Mais aucun d'eux ne l'exalte.

Que ferai-je de toi, Éphraïm? Dois-je te livrer, Israël? Te traiterai-je comme Adma? Te rendrai-je semblable à Tseboïm? Mon coeur s'agite au dedans de moi, Toutes mes compassions sont émues.

Je n'agirai pas selon mon ardente colère, Je renonce à détruire Éphraïm; Car je suis Dieu, et non pas un homme, Je suis le Saint au milieu de toi; Je ne viendrai pas avec colère.

Ils suivront l'Éternel, qui rugira comme un lion, Car il rugira, et les enfants accourront de la mer.

Ils accourront de l'Égypte, comme un oiseau, Et du pays d'Assyrie, comme une colombe. Et je les ferai habiter dans leurs maisons, dit l'Éternel.

Éphraïm m'entoure de mensonge, Et la maison d'Israël de tromperie; Juda est encore sans frein vis-à-vis de Dieu, Vis-à-vis du Saint fidèle.
*Amen_*

L'Amour et la Compassion Inébranlables de Dieu envers Son peuple. Dans le verset 10, Osée proclame : "Ils suivront l'Éternel ; il rugira comme un lion ; car lui-même rugira, et les enfants accourront de la mer." Ce verset symbolise la restauration et la rédemption que Dieu promet à Ses enfants égarés, malgré leur rébellion et leur désobéissance. Il reflète le cœur compatissant de Dieu, qui aspire à la réconciliation avec Son peuple et attend avec impatience leur retour vers Lui.

La représentation tendre de la relation entre Dieu et Son peuple. Osée utilise des images vivides pour dépeindre Dieu comme un père aimant et compatissant, qui désire le retour de Ses enfants égarés. Malgré la rébellion et l'infidélité répétées d'Israël, l'amour de Dieu reste ferme et inébranlable. Il aspire à rassembler Son peuple vers Lui, à les restaurer et à les inonder de Sa grâce et de Sa miséricorde.
De ce chapitre, nous tirons également des parallèles avec le récit de la création trouvé dans Genèse chapitre 1, où Dieu crée l'humanité à Son image et les déclare très bons. Dès le début, Dieu a accordé une grande valeur à l'humanité, les considérant comme Sa création précieuse. Tout comme un parent aimant chérit son enfant, Dieu chérit également Son peuple, ne désirant rien de plus que de les voir restaurés en communion avec Lui.

En appliquant les leçons de la prophétie d'Osée à nos vies aujourd'hui, nous sommes rappelés la profondeur de l'amour et de la compassion de Dieu pour nous. Malgré nos échecs et nos lacunes, Dieu continue de nous poursuivre avec un amour inlassable, aspirant à la réconciliation et à la restauration. Il nous appelle à retourner vers Lui, à Le suivre avec des cœurs tremblants, sachant qu'Il est impatient de nous accueillir à nouveau dans Son étreinte aimante.

L'image de Dieu rugissant comme un lion souligne Sa puissance et Son autorité, mais c'est aussi un appel à Ses enfants à revenir vers Lui en tremblant. Tout comme le rugissement d'un lion peut inspirer la crainte à ceux qui l'entendent, la voix de Dieu attire notre attention et notre révérence. Il nous appelle à retourner vers Lui, à reconnaître Sa souveraineté et Son seigneurie sur nos vies, et à marcher dans l'obéissance à Ses commandements.

Le parallèle entre Osée 11:10 et Genèse chapitre 1 est un rappel puissant de notre valeur intrinsèque aux yeux de Dieu. Dès le moment de notre création, Dieu nous a considérés comme Sa possession précieuse, digne de Son amour et de Son affection. Il nous a créés pour être en relation avec Lui, pour marcher en communion avec Lui, et pour expérimenter la vie abondante qu'Il offre à tous ceux qui Le suivent.

Prions –

Père céleste, je Te remercie pour Ton amour et Ta compassion infaillibles envers moi.

Malgré mes échecs et mes lacunes, Tu continues de me poursuivre avec un amour infatigable, aspirant à la réconciliation et à la restauration.

Aide-moi à entendre Ton appel à revenir vers Toi, à Te suivre avec un cœur tremblant, sachant que Tu es impatient de m'accueillir à nouveau dans Ton étreinte aimante.

Que je marche dans l'obéissance à Tes commandements, reconnaissant Ta souveraineté et Ta seigneurie sur ma vie.

Au nom de Jésus, Amen.

Rébellion Persistante

Éphraïm se repaît de vent, et poursuit le vent d'orient; Chaque jour il multiplie le mensonge et la violence; Il fait alliance avec l'Assyrie, Et on porte de l'huile en Égypte.

L'Éternel est aussi en contestation avec Juda, Et il punira Jacob pour sa conduite, Il lui rendra selon ses œuvres.

Dans le sein maternel Jacob saisit son frère par le talon, Et dans sa vigueur, il lutta avec Dieu.

Il lutta avec l'ange, et il fut vainqueur, Il pleura, et lui adressa des supplications. Jacob l'avait trouvé à Béthel, Et c'est là que Dieu nous a parlé.

L'Éternel est le Dieu des armées; Son nom est l'Éternel.

Et toi, reviens à ton Dieu, Garde la piété et la justice, Et espère toujours en ton Dieu.

Éphraïm est un marchand qui a dans sa main des balances fausses, Il aime à tromper.

Et Éphraïm dit: A la vérité, je me suis enrichi, J'ai acquis de la fortune; Mais c'est entièrement le produit de mon travail; On ne trouvera chez moi aucune iniquité, rien qui soit un crime.

Et moi, je suis l'Éternel, ton Dieu, dès le pays d'Égypte; Je te ferai encore habiter sous des tentes, comme aux jours de fêtes.

J'ai parlé aux prophètes, J'ai multiplié les visions, Et par les prophètes j'ai proposé des paraboles.

Si Galaad n'est que néant, ils seront certainement anéantis. Ils sacrifient des bœufs dans Guilgal: Aussi leurs autels seront comme des monceaux de pierres Sur les sillons des champs.

Jacob s'enfuit au pays d'Aram, Israël servit pour une femme, Et pour une femme il garda les troupeaux.

Par un prophète l'Éternel fit monter Israël hors d'Égypte, Et par un prophète Israël fut gardé.

Éphraïm a irrité l'Éternel amèrement: Son Seigneur rejettera sur lui le sang qu'il a répandu, Il fera retomber sur lui la honte qui lui appartient.

*Amen_*

Messages de mise en garde et de réprimande au peuple d'Israël. Osée commence par retracer l'histoire de la relation entre Israël et Dieu, mettant en lumière leur ingratitude, leur rébellion et leur désobéissance persistante. Osée établit des parallèles entre le patriarche Jacob et la nation d'Israël, soulignant l'importance de la fidélité et de l'obéissance aux commandements de Dieu.

Nous observons l'appel passionné de Osée au peuple à se repentir et à revenir vers le Seigneur. Il leur rappelle la fidélité et l'amour inébranlable de Dieu tout au long de leur histoire, depuis leurs modestes débuts en tant que nation jusqu'à leur état actuel de rébellion et d'apostasie. Malgré les bénédictions et les provisions de Dieu, le peuple continue de s'éloigner de Lui, cherchant sécurité et satisfaction dans les idoles et les alliances étrangères.

Osée met en garde le peuple des conséquences de leur désobéissance, les exhortant à revenir vers le Seigneur avant qu'il ne soit trop tard. Il les appelle à la justice et à la droiture, les exhortant à aimer la miséricorde et à marcher humblement avec leur Dieu. Le message de la prophétie de Osée sert de rappel saisissant de l'importance de la fidélité et de l'obéissance aux commandements de Dieu, ainsi que des conséquences de la désobéissance et de la rébellion.

En appliquant les leçons de la prophétie de Osée à nos vies aujourd'hui, nous sommes confrontés à la réalité de notre propre désobéissance et rébellion contre Dieu.

Tout comme le peuple d'Israël, nous avons tendance à nous éloigner du chemin de la droiture, cherchant sécurité et satisfaction dans les poursuites mondaines plutôt que de faire confiance au Seigneur. Cependant, tout comme Osée a appelé le peuple à la repentance, Dieu nous appelle aussi à nous détourner de nos péchés et à revenir vers Lui avec des cœurs contrits.

Le message de la prophétie de Osée nous met au défi d'examiner nos propres cœurs et motivations, en veillant à ce que nos vies soient marquées par la fidélité et l'obéissance aux commandements de Dieu. Il nous rappelle l'importance de rechercher la justice et la droiture, d'aimer la miséricorde et de marcher humblement avec notre Dieu.

Ce n'est qu'en revenant vers Dieu et en recherchant Son pardon que nous pouvons éviter les conséquences dévastatrices de la désobéissance et de la rébellion.

Prions –

Père céleste, alors que nous réfléchissons au message de la prophétie de Osée, nous sommes convaincus de notre propre désobéissance et rébellion contre Toi.

Pardonne-nous nos péchés et aide-nous à revenir vers Toi avec des cœurs contrits.

Merci pour Ta miséricorde et Ta grâce, renouvelées chaque matin, et pour Ta volonté de nous pardonner lorsque nous nous repentons.

Puissions-nous entendre Ton appel à revenir vers Toi et à marcher dans Tes voies, cherchant à T'honorer et à Te glorifier en tout ce que nous faisons.

Conséquences de l'Oubli de Dieu

Lorsqu'Éphraïm parlait, c'était une terreur: Il s'élevait en Israël. Mais il s'est rendu coupable par Baal, et il est mort.

Maintenant ils continuent à pécher, Ils se font avec leur argent des images en fonte, Des idoles de leur invention; Toutes sont l'œuvre des artisans. On dit à leur sujet: Que ceux qui sacrifient baisent les veaux!

C'est pourquoi ils seront comme la nuée du matin, Comme la rosée qui bientôt se dissipe, Comme la balle emportée par le vent hors de l'aire, Comme la fumée qui sort d'une fenêtre.

Et moi, je suis l'Éternel, ton Dieu, dès le pays d'Égypte. Tu ne connais d'autre Dieu que moi, Et il n'y a de sauveur que moi.

Je t'ai connu dans le désert, Dans une terre aride.

Ils se sont rassasiés dans leurs pâturages; Ils se sont rassasiés, et leur cœur s'est enflé; C'est pourquoi ils m'ont oublié.

Je serai pour eux comme un lion; Comme une panthère, je les épierai sur la route.

Je les attaquerai, comme une ourse à qui l'on a enlevé ses petits, Et je déchirerai l'enveloppe de leur cœur; Je les dévorerai, comme une lionne; Les bêtes des champs les mettront en pièces.

Ce qui cause ta ruine, Israël, C'est que tu as été contre moi, contre celui qui pouvait te secourir.

Où donc est ton roi? Qu'il te délivre dans toutes tes villes! Où sont tes juges, au sujet desquels tu disais: Donne-moi un roi et des princes?

Je t'ai donné un roi dans ma colère, Je te l'ôterai dans ma fureur.

L'iniquité d'Éphraïm est gardée, Son péché est mis en réserve.

Les douleurs de celle qui enfante viendront pour lui; C'est un enfant peu sage, Qui, au terme voulu, ne sort pas du sein maternel.

Je les rachèterai de la puissance du séjour des morts, Je les délivrerai de la mort. O mort, où est ta peste? Séjour des morts, où est ta destruction? Mais le repentir se dérobe à mes regards!

Éphraïm a beau être fertile au milieu de ses frères, Le vent d'orient viendra, le vent de l'Éternel s'élèvera du désert, Desséchera ses sources, tarira ses fontaines. On pillera le trésor de tous les objets précieux.

Samarie sera punie, parce qu'elle s'est révoltée contre son Dieu. Ils tomberont par l'épée; Leurs petits enfants seront écrasés, Et l'on fendra le ventre de leurs femmes enceintes.
*Amen_*

Le prophète continue de délivrer des messages de jugement et d'avertissement au peuple d'Israël. Osée commence en comparant l'apostasie d'Israël à une vigne sans valeur qui ne porte aucun fruit, malgré les soins et l'attention de Dieu. Il accuse le peuple d'ingratitude et de rébellion, les comparant à un veau obstiné refusant de se soumettre au joug.

Nous observons l'ardente supplication d'Osée pour que le peuple se repente et revienne vers le Seigneur. Il relate la fidélité et l'amour constant de Dieu à travers leur histoire, depuis leur délivrance miraculeuse de l'Égypte jusqu'à leur état actuel de rébellion et d'apostasie. Malgré les bénédictions et les provisions de Dieu, le peuple continue de s'éloigner de Lui, cherchant sécurité et satisfaction dans les idoles et les alliances étrangères.

Osée met en garde le peuple contre les conséquences de leur désobéissance, les exhortant à revenir vers le Seigneur avant qu'il ne soit trop tard. Il compare leur destin à celui d'une bête sauvage qui sera dévorée par l'épée, soulignant la sévérité du jugement de Dieu sur les non-repentants.

Le message de la prophétie d'Osée sert de rappel solennel de l'importance de la fidélité et de l'obéissance aux commandements de Dieu, ainsi que des conséquences de la désobéissance et de la rébellion.

En appliquant les leçons de la prophétie d'Osée à nos vies aujourd'hui, nous sommes confrontés à la réalité de notre propre désobéissance et rébellion contre Dieu. Comme le peuple d'Israël, nous avons tendance à nous éloigner du chemin de la droiture, cherchant sécurité et satisfaction dans les entreprises mondaines plutôt que de faire confiance au Seigneur.

Cependant, tout comme Osée a appelé le peuple au repentir, Dieu nous appelle également à nous détourner de nos péchés et à revenir à Lui avec des cœurs contrits.

Le message de la prophétie d'Osée nous met au défi d'examiner nos propres cœurs et motivations, en veillant à ce que nos vies soient marquées par la fidélité et l'obéissance aux commandements de Dieu. Il nous rappelle l'importance de chercher la droiture et la justice, d'aimer la miséricorde et de marcher humblement avec notre Dieu.

Ce n'est qu'en revenant vers Dieu et en recherchant Son pardon que nous pouvons éviter les conséquences dévastatrices de la désobéissance et de la rébellion.

Amen.

Père céleste, alors que nous réfléchissons au message de la prophétie d'Osée, nous sommes convaincus de notre propre désobéissance et rébellion contre Toi.

Pardonne-nous nos péchés et aide-nous à revenir à Toi avec des cœurs contrits.

Merci pour Ta miséricorde et Ta grâce, renouvelées chaque matin, et pour Ta volonté de nous pardonner lorsque nous nous repentons.

Puissions-nous entendre Ton appel à revenir à Toi et à marcher dans Tes voies, cherchant à T'honorer et à Te glorifier dans tout ce que nous faisons.

Au nom de Jésus, Amen.

Retourner vers le Seigneur

Israël, reviens à l'Éternel, ton Dieu, Car tu es tombé par ton iniquité.

Apportez avec vous des paroles, Et revenez à l'Éternel. Dites-lui: Pardonne toutes les iniquités, Et reçois-nous favorablement! Nous t'offrirons, au lieu de taureaux, l'hommage de nos lèvres.

L'Assyrien ne nous sauvera pas, nous ne monterons pas sur des chevaux, Et nous ne dirons plus à l'ouvrage de nos mains: Notre Dieu! Car c'est auprès de toi que l'orphelin trouve compassion. Je réparerai leur infidélité, J'aurai pour eux un amour sincère; Car ma colère s'est détournée d'eux.

Je serai comme la rosée pour Israël, Il fleurira comme le lis, Et il poussera des racines comme le Liban.

Ses rameaux s'étendront; Il aura la magnificence de l'olivier, Et les parfums du Liban.

Ils reviendront s'asseoir à son ombre, Ils redonneront la vie au froment, Et ils fleuriront comme la vigne; Ils auront la renommée du vin du Liban.

Éphraïm, qu'ai-je à faire encore avec les idoles? Je l'exaucerai, je le regarderai, Je serai pour lui comme un cyprès verdoyant. C'est de moi que tu recevras ton fruit.

*Que celui qui est sage prenne garde à ces choses! Que celui qui est intelligent les comprenne! Car les voies de l'Éternel sont droites; Les justes y marcheront, Mais les rebelles y tomberont. Amen_*

Dans ce treizième chapitre du livre d'Osée, le prophète continue de délivrer des messages de jugement et d'avertissement au peuple d'Israël. Osée commence par comparer l'apostasie d'Israël à une vigne sans valeur qui ne porte aucun fruit, malgré les soins et l'attention de Dieu. Il accuse le peuple d'ingratitude et de rébellion, les comparant à un jeune taureau obstiné refusant de se soumettre au joug.

En plongeant dans ce chapitre, nous observons l'ardent plaidoyer d'Osée pour que le peuple se repente et revienne vers le Seigneur. Il relate la fidélité et l'amour constant de Dieu à travers leur histoire, depuis leur délivrance miraculeuse d'Égypte jusqu'à leur état actuel de rébellion et d'apostasie. Malgré les bénédictions et les provisions de Dieu, le peuple continue de s'éloigner de Lui, cherchant sécurité et satisfaction dans les idoles et les alliances étrangères.

Osée met en garde le peuple contre les conséquences de leur désobéissance, les exhortant à revenir vers le Seigneur avant qu'il ne soit trop tard. Il compare leur destin à celui d'une bête sauvage qui sera dévorée par l'épée, soulignant la sévérité du jugement de Dieu sur les non-repentants.

Le message de la prophétie d'Osée sert de rappel sérieux de l'importance de la fidélité et de l'obéissance aux commandements de Dieu, ainsi que des conséquences de la désobéissance et de la rébellion.
En appliquant les leçons de la prophétie d'Osée à nos vies aujourd'hui, nous sommes confrontés à la réalité de notre propre désobéissance et rébellion contre Dieu. Comme le peuple d'Israël, nous avons tendance à nous éloigner du chemin de la justice, cherchant sécurité et satisfaction dans les poursuites mondaines plutôt que de faire confiance au Seigneur. Cependant, tout comme Osée a appelé le peuple au repentir, Dieu nous appelle également à nous détourner de nos péchés et à revenir vers Lui avec des cœurs contrits.

Le message de la prophétie d'Osée nous incite à examiner nos propres cœurs et motifs, en veillant à ce que nos vies soient marquées par la fidélité et l'obéissance aux commandements de Dieu. Il nous rappelle l'importance de rechercher la justice et la miséricorde, d'aimer la bonté, et de marcher humblement avec notre Dieu.

Ce n'est qu'en revenant vers Dieu et en recherchant Son pardon que nous pouvons éviter les conséquences dévastatrices de la désobéissance et de la rébellion.

Prions –

Père céleste, en méditant sur le message de la prophétie d'Osée, nous sommes convaincus de notre propre désobéissance et rébellion contre Toi.

Pardonne-nous nos péchés et aide-nous à revenir vers Toi avec des cœurs contrits.

Nous te remercions pour Ta miséricorde et Ta grâce, renouvelées chaque matin, et pour Ta volonté de nous pardonner lorsque nous nous repentons.

Puissions-nous entendre Ton appel à revenir vers Toi et à marcher dans Tes voies, cherchant à t'honorer et à te glorifier dans tout ce que nous faisons.

Au nom de Jésus, Amen.

PARTIE 2 - LE SEIGNEUR RÉPOND À MON CRI

Dans les profondeurs de notre désespoir, quand il semble que tout espoir est perdu, nous crions au Seigneur, en cherchant Sa présence, Son réconfort, et Sa direction.

À travers des récits, des écritures et des prières, nous explorerons comment le Seigneur répond à nos cris avec compassion, miséricorde et grâce, transformant nos vies et restaurant nos âmes.

Le Cri du Cœur :

Un Voyage à la Recherche de la Réponse de Dieu à Nos Cris les Plus Profonds

Dans le silence de la nuit, dans les profondeurs de notre solitude, il y a un cri qui résonne en nous - un cri du cœur. C'est un cri qui transcende le langage, une expression primitive de nos désirs, peurs et aspirations les plus profonds. Dans ce chapitre, nous entamons un voyage dans les profondeurs du cœur humain, explorant la signification de nos cris devant le Seigneur et Sa réponse fidèle à chacun.

Le cœur humain est un domaine complexe et mystérieux, rempli d'une myriade d'émotions, de désirs et de vulnérabilités. C'est un endroit où joie et tristesse, espoir et désespoir, amour et désir s'entremêlent, créant une symphonie d'émotions qui résonne à travers notre être. Parfois, nos cœurs débordent de gratitude et de louange, tandis qu'à d'autres moments, ils sont alourdis par les fardeaux de la vie, résonnant de cris de douleur et d'angoisse.

Cris de Douleur et d'Angoisse :

Nous ne pouvons échapper à la réalité de la souffrance dans ce monde déchu. Des maux physiques aux blessures émotionnelles, des relations brisées aux rêves anéantis, nous éprouvons la douleur et l'angoisse sous diverses formes. Dans les profondeurs de notre désespoir, nous crions au Seigneur, déversant nos cœurs devant Lui, cherchant réconfort et consolation en Sa présence. C'est dans ces moments de vulnérabilité que nous découvrons la profondeur de la compassion et de la miséricorde de Dieu, alors qu'Il s'approche des cœurs brisés et panse leurs blessures.

Cris de Désir et de Désespoir :

Au milieu des épreuves et tribulations de la vie, nous aspirons à quelque chose de plus - quelque chose au-delà des plaisirs éphémères de ce monde. Nos cœurs désirent du sens et un but, de l'amour et de l'acceptation, de l'accomplissement et de la joie. Pourtant, dans notre quête de signification, nous nous retrouvons souvent à errer dans le désert, nous sentant perdus et seuls. C'est dans ces moments de désespoir que nous crions au Seigneur, cherchant Sa direction et Sa direction, Sa paix et Sa provision. Et bien que le chemin puisse être long et le voyage difficile, nous avons confiance en Sa promesse de nous conduire près des eaux paisibles et de restaurer nos âmes.

La Signification de Nos Cris Devant le Seigneur :

Nos cris devant le Seigneur ne sont pas de simples paroles prononcées dans le vide ; ce sont des expressions sacrées qui percent les cieux et atteignent le trône même de Dieu. Ils sont le langage de l'âme, le cri du cœur qui transcende les limitations terrestres et touche le cœur du Tout-Puissant. Dans nos cris, Dieu entend le désir de nos cœurs, la douleur de nos chagrins, la désespérance de nos prières. Et bien que nous ne comprenions pas toujours Ses voies ou Sa chronologie, nous avons confiance en Sa promesse de ne jamais nous abandonner, de être notre refuge et notre force dans les moments de trouble.

La Réponse de Dieu à Nos Cris :

La beauté de nos cris devant le Seigneur ne réside pas dans notre éloquence ou notre droiture, mais dans Son amour et Sa fidélité infaillibles. Car Il est un Dieu qui entend les cris de Son peuple et répond avec compassion et grâce. Il est le Dieu qui s'approche des cœurs brisés et panse leurs blessures, qui nous réconforte dans notre affliction et nous soutient dans notre détresse. Il est le Dieu qui transforme notre deuil en danse, qui fait naître la beauté des cendres et la joie du chagrin.

Accueillir la Réponse Fidèle de Dieu à Nos Cris

Dans le voyage de la foi, il y a une assurance profonde qui accompagne nos cris devant le Seigneur - la promesse de réponse. Dans ce chapitre, nous plongeons dans les Écritures pour explorer la fidélité inébranlable de Dieu à entendre et à répondre à nos cris, trouvant réconfort et force dans Ses promesses durables.

Le Fondement de la Promesse de Dieu :

Au cœur de la foi chrétienne se trouve la vérité fondamentale que Dieu est un Dieu qui écoute et répond aux prières. Tout au long des pages de l'Écriture, nous voyons des preuves de Sa fidélité à répondre aux cris de Son peuple, des cris des Israélites en Égypte aux prières des prophètes et des apôtres.

Dans le Psaume 34:17-18, nous lisons, "Les justes crient, et l'Éternel entend, Et il les délivre de toutes leurs détresses. L'Éternel est près de ceux qui ont le cœur brisé, Et il sauve ceux qui ont l'esprit dans l'abattement." Ce passage nous rappelle la promesse de Dieu de répondre aux cris de Son peuple avec compassion et délivrance.

Le Cri des Justes :

En tant que croyants, nous sommes appelés à mener des vies de justice et d'obéissance à la parole de Dieu. Dans 1 Jean 5:14-15, nous sommes assurés, "Nous avons auprès de lui cette assurance, que si nous demandons quelque chose selon sa volonté, il nous écoute. Et si nous savons qu'il nous écoute, quelque chose que nous demandions, nous savons que nous possédons la chose que nous lui avons demandée." Ce passage souligne l'importance d'aligner nos prières avec la volonté de Dieu et de nous fier à Sa promesse de nous écouter et de nous répondre selon Son plan parfait.

Le Cri des Cœurs Brisés :

Dans les moments d'épreuve et de tribulation, nos cœurs crient à Dieu pour trouver réconfort et délivrance. Dans Ésaïe 65:24, nous trouvons l'assurance dans la promesse de Dieu de répondre aux cris de Son peuple, "Avant qu'ils m'invoquent, je répondrai ; Avant qu'ils aient cessé de parler, je les exaucerai." Ce verset est un puissant rappel que Dieu n'est pas seulement conscient de nos besoins avant même que nous les exprimions, mais qu'Il est aussi désireux de répondre à nos cris avec compassion et grâce.

Le Cri des Fidèles :

À travers la Bible, nous voyons des exemples de la réponse fidèle de Dieu aux cris de Ses fidèles serviteurs. Dans 2 Chroniques 7:14, Dieu promet, "Si mon peuple sur qui est invoqué mon nom s'humilie, prie, et cherche ma face, et s'il se détourne de ses mauvaises voies, - je l'exaucerai des cieux, je lui pardonnerai son péché, et je guérirai son pays." Ce passage souligne l'importance de la repentance et de chercher la face de Dieu dans la prière, sachant qu'Il est fidèle à répondre avec pardon et guérison.

Le Cri des Nécessiteux :

Dans le Psaume 107:19-20, nous trouvons réconfort dans la promesse de Dieu de répondre aux cris des nécessiteux, "Alors ils crient à l'Éternel dans leur détresse, Et il les sauve de leurs angoisses ; Il envoie sa parole et les guérit, Il les délivre de la fosse." Ce passage est un puissant rappel que Dieu est un Dieu de miséricorde et de compassion, qui répond aux cris des nécessiteux avec salut et délivrance.

La promesse de réponse est un thème central dans la foi chrétienne, enracinée dans la fidélité inébranlable de Dieu. Alors que nous voyageons à travers les épreuves de la vie, puissions-nous trouver réconfort en sachant que nos cris devant le Seigneur ne sont pas vains, mais sont accueillis avec Sa réponse compatissante. Puissions-nous continuer à nous fier à Ses promesses, sachant qu'Il entend nos cris et est fidèle à nous délivrer selon Sa volonté parfaite. Amen.

Le Cri de Délivrance : Trouver l'Espoir dans la Grâce de Dieu

Dans les profondeurs du désespoir, lorsque nous sommes submergés par les épreuves de la vie, un cri s'élève des profondeurs de nos âmes – un cri de délivrance. Dans ce chapitre, nous plongeons dans les Écritures pour explorer le cri de délivrance, trouvant espoir et assurance dans la grâce salvatrice de Dieu.

Le Cri des Israélites :

Le cri de délivrance est un thème récurrent dans la Bible, commençant par le cri des Israélites en Égypte. Dans Exode 2:23-25, nous lisons : "Pendant ce long temps, le roi d'Égypte mourut. Les Israélites gémissaient sous la servitude et poussèrent des cris ; et leur plainte monta jusqu'à Dieu à cause de la servitude. Dieu entendit leurs gémissements ; et Dieu se souvint de son alliance avec Abraham, avec Isaac et avec Jacob. Dieu regarda les enfants d'Israël, et Dieu connut leur condition." Ce passage est un puissant rappel que Dieu est attentif aux cris de son peuple et fidèle pour les délivrer de l'esclavage.

Le Cri du Psalmiste :

À travers les Psaumes, nous voyons des exemples du cri de délivrance exprimé par le Psalmiste. Dans Psaume 40:1-3, David écrit : "J'ai attendu patiemment l'Éternel ; il s'est incliné vers moi, il a écouté mes cris. Il m'a retiré de la fosse de destruction, du fond de la boue ; il a dressé mes pieds sur le rocher, il a affermi mes pas. Il a mis dans ma bouche un cantique nouveau, une louange à notre Dieu. Beaucoup le verront et seront dans la crainte, et ils se confieront en l'Éternel." Ce passage est un témoignage de la fidélité de Dieu pour délivrer son peuple des profondeurs du désespoir et de les établir sur un terrain solide.

Le Cri de Jonas :

Dans le livre de Jonas, nous voyons le cri de délivrance exprimé par le prophète Jonas alors qu'il se trouve dans le ventre d'un grand poisson. Dans Jonas 2:1-2, Jonas crie à l'Éternel, disant : "Du sein du séjour des morts j'ai invoqué l'Éternel, et tu m'as exaucé ; tu as entendu ma voix." Ce passage est un puissant rappel que même dans les circonstances les plus désespérées, Dieu est capable d'entendre et de répondre à nos cris de délivrance.

Le Cri de Jésus :

Même Jésus lui-même a expérimenté le cri de délivrance dans le jardin de Gethsémané, alors qu'il faisait face à l'agonie de la croix. Dans Matthieu 26:39, Jésus prie : "Mon Père, s'il est possible, que cette coupe s'éloigne de moi ! Toutefois, non pas ce que je veux, mais ce que tu veux." Ce passage est un poignant rappel que même le Fils de Dieu a crié au Père dans son heure de besoin, se confiant à sa volonté souveraine et à sa délivrance ultime.

Le Cri de Délivrance Spirituelle :

En plus de la délivrance physique, nous criions aussi à Dieu pour une délivrance spirituelle de l'esclavage du péché et de la mort. Dans Romains 7:24-25, l'apôtre Paul écrit : "Je suis un homme misérable ! Qui me délivrera du corps de cette mort ? Grâces soient rendues à Dieu par Jésus-Christ notre Seigneur !" Ce passage est un puissant rappel que notre délivrance ultime vient par Jésus-Christ, qui a vaincu le péché et la mort par sa mort et sa résurrection.

Le cri de délivrance est un cri universel qui résonne à travers les pages de l'Écriture et résonne dans les cœurs des croyants aujourd'hui. Que nous fassions face à des épreuves physiques ou à une servitude spirituelle, nous pouvons trouver du réconfort en sachant que Dieu entend nos cris de délivrance et est fidèle pour répondre selon sa volonté parfaite. Puissions-nous continuer à crier à l'Éternel dans nos moments de besoin, nous confiant dans sa grâce salvatrice pour nous délivrer de tout ce qui cherche à nous enchaîner. Amen.

Le Cri pour la Guérison :

Accepter le Pouvoir Restaurateur de Dieu

Au milieu de la douleur et de la souffrance, il y a un cri qui résonne des profondeurs de nos âmes - un cri pour la guérison. Dans ce chapitre, nous explorons le cri pour la guérison tel qu'exprimé tout au long de la Bible, trouvant réconfort et espoir dans les promesses de Dieu de restauration et de plénitude.

Le Cri des Affligés :

Des maux physiques aux blessures émotionnelles, le cri pour la guérison est une expression universelle de la souffrance humaine. Dans le Psaume 30:2, le psalmiste déclare : "Éternel, mon Dieu, je t'ai invoqué à l'aide, et tu m'as guéri." Ce passage sert de rappel puissant que Dieu est attentif aux cris des affligés et est capable d'apporter guérison et restauration à tous ceux qui invoquent son nom.

Le Ministère de Guérison de Jésus :

Tout au long du Nouveau Testament, nous voyons Jésus démontrer sa puissance et son autorité pour guérir les malades et les affligés. Dans Matthieu 4:23-24, nous lisons : "Jésus parcourait toute la Galilée, enseignant dans les synagogues, prêchant la bonne nouvelle du royaume et guérissant toute maladie et toute infirmité parmi le peuple. Sa renommée se répandit dans toute la Syrie, et on lui amena tous les malades, atteints de diverses maladies et de divers tourments, des démoniaques, des épileptiques et des paralytiques ; et il les guérit." Ce passage témoigne du ministère compatissant de guérison de Jésus, démontrant le désir de Dieu d'apporter plénitude et restauration à son peuple.

Le Cri pour la Guérison Spirituelle :

En plus de la guérison physique, nous invoquons également Dieu pour la guérison spirituelle des blessures du péché et de la brisure. Dans Ésaïe 53:5, le prophète déclare : "Mais il a été blessé pour nos péchés, Brisé pour nos iniquités ; Le châtiment qui nous donne la paix est tombé sur lui, Et c'est par ses meurtrissures que nous sommes guéris." Ce passage sert de rappel puissant que la mort sacrificielle de Jésus sur la croix fournit non seulement le pardon de nos péchés, mais apporte également guérison et restauration à nos âmes.

Le Cri pour la Guérison Émotionnelle :

En période de douleur et de détresse émotionnelle, nous invoquons Dieu pour la guérison et le réconfort. Dans le Psaume 147:3, le psalmiste écrit : "Il guérit ceux qui ont le cœur brisé, et il panse leurs blessures." Ce passage est une source de réconfort et d'assurance, nous rappelant que Dieu est proche des cœurs brisés et est capable d'apporter guérison et restauration aux blessures les plus profondes de nos âmes.

Le Cri pour la Guérison Intercesseur :

En tant que membres du corps de Christ, nous sommes appelés à prier les uns pour les autres et à soutenir ceux qui ont besoin de guérison. Dans Jacques 5:14-15, nous sommes instruits : "L'un de vous est-il malade ? Qu'il appelle les anciens de l'Église, et que les anciens prient pour lui, en l'oignant d'huile au nom du Seigneur ; la prière de la foi sauvera le malade, et le Seigneur le relèvera ; et s'il a commis des péchés, il lui sera pardonné." Ce passage rappelle la puissance de la prière intercesseur pour apporter guérison et restauration à ceux qui en ont besoin.

Le cri pour la guérison est une expression puissante de la souffrance humaine, mais c'est aussi un témoignage de la compassion et de la grâce de Dieu. Qu'il s'agisse d'afflictions physiques, émotionnelles ou spirituelles, nous pouvons trouver réconfort en sachant que Dieu entend nos cris pour la guérison et est fidèle à répondre avec son pouvoir restaurateur.

Puissions-nous continuer à crier au Seigneur dans nos moments de besoin, en ayant confiance en sa promesse d'apporter guérison et plénitude à tous ceux qui invoquent son nom. Amen.

Le Cri pour la Direction :

Faire Confiance à l'Orientation de Dieu dans le Voyage de la Vie

Dans le voyage de la vie, il arrive des moments où nous nous trouvons à un carrefour, incertains du chemin à emprunter. C'est dans ces moments que nous crions à Dieu pour obtenir des conseils, cherchant Sa sagesse et Sa direction pour naviguer les complexités de la vie. Dans ce chapitre, nous plongeons dans le cri pour la direction, explorant comment la parole de Dieu nous offre clarté et assurance lorsque nous nous confions à Sa conduite.

Le Cri pour la Direction dans les Écritures :

À travers la Bible, nous voyons des exemples de personnes criant à Dieu pour obtenir des conseils dans leur vie. Dans le Psaume 25:4-5, le Psalmiste écrit, "Fais-moi connaître tes voies, Seigneur ! Enseigne-moi tes sentiers ! Conduis-moi dans ta vérité et instruis-moi ! Car tu es le Dieu de mon salut : je m'attends à toi chaque jour." Ce passage rappelle l'importance de rechercher la direction de Dieu dans chaque aspect de notre vie, en nous confiant en Sa sagesse et en Sa compréhension.

La Promesse de la Direction de Dieu :

Dieu a promis de guider et de diriger Son peuple sur les chemins de la justice. Dans Proverbes 3:5-6, nous lisons, "Confie-toi en l'Éternel de tout ton cœur, Et ne t'appuie pas sur ta sagesse ; Reconnais-le dans toutes tes voies, Et il aplanira tes sentiers." Ce passage est une assurance réconfortante qu'en nous confiant en l'Éternel et en recherchant Sa direction, Il nous conduira sur le bon chemin et rendra notre voie claire.

La Direction du Saint-Esprit :

En plus de chercher la direction par la prière et la méditation sur la parole de Dieu, nous sommes également bénis avec la direction du Saint-Esprit. Dans Jean 16:13, Jésus promet, "Quand le consolateur sera venu, l'Esprit de vérité, il vous conduira dans toute la vérité ; car il ne parlera pas de lui-même, mais il dira tout ce qu'il aura entendu, et il vous annoncera les choses à venir." Ce passage rappelle la présence intérieure du Saint-Esprit dans nos vies, nous guidant dans toute la vérité et nous menant sur les voies de la justice.

L'Exemple de Jésus :

En tant que disciples du Christ, nous regardons à Jésus comme notre exemple ultime d'obéissance et de confiance en la direction de Dieu. Dans Jean 5:19, Jésus déclare, "En vérité, en vérité, je vous le dis, le Fils ne peut rien faire de lui-même, il ne fait que ce qu'il voit faire au Père ; et tout ce que le Père fait, le Fils aussi le fait pareillement." Ce passage sert de modèle pour nous suivre, alors que nous cherchons à aligner notre volonté sur celle du Père et à nous confier en Sa direction pour nos vies.

Avoir Confiance dans le Temps de Dieu :

Dans notre cri pour la direction, il est important de se rappeler que le temps de Dieu est parfait. Dans Ésaïe 55:8-9, nous lisons, "Car mes pensées ne sont pas vos pensées, et vos voies ne sont pas mes voies, dit l'Éternel. Autant les cieux sont élevés au-dessus de la terre, autant mes voies sont élevées au-dessus de vos voies, et mes pensées au-dessus de vos pensées." Ce passage rappelle que les voies de Dieu dépassent notre compréhension, et nous devons avoir confiance en Son temps et en Ses plans, sachant qu'Il œuvre toutes choses ensemble pour notre bien.

Le cri pour la direction est une expression naturelle de notre dépendance envers la sagesse et la compréhension de Dieu pour naviguer dans les complexités de la vie. Alors que nous cherchons Sa direction par la prière, la méditation sur Sa parole et la direction du Saint-Esprit, puissions-nous avoir confiance en Sa fidélité pour nous conduire sur le bon chemin et rendre notre voie claire.

Puissions-nous suivre l'exemple de Jésus dans l'obéissance et la confiance, sachant que Ses plans pour nous sont bons et que Son temps est parfait. Amen.

Le Cri pour la Restauration :

Trouver l'Espoir dans la Promesse de Restauration

Dans la brisure de la vie, il y a un cri qui s'élève des profondeurs de nos âmes — un cri pour la restauration. Dans ce chapitre, nous explorons le cri pour la restauration tel qu'exprimé à travers la Bible, tirant réconfort et force des promesses de renouveau et de rédemption de Dieu.

Le Cri pour la Restauration dans les Écritures :

À travers les pages de l'Écriture, nous voyons des exemples d'individus et de communautés criant à Dieu pour la restauration en temps de détresse et de désespoir. Dans Joël 2:25-26, le prophète déclare : "Je vous remplacerai les années que les sauterelles ont dévorées, La sauterelle, le jélek, le hasil, et le gazam, Ma grande armée que j'avais envoyée contre vous. Vous mangerez et vous vous rassasierez, Et vous célébrerez le nom de l'Éternel, votre Dieu, Qui aura fait pour vous des prodiges ; Et mon peuple ne sera plus jamais dans la confusion." Ce passage sert de puissant rappel de la promesse de Dieu de restaurer ce qui a été perdu et d'apporter l'abondance et la bénédiction à son peuple.

La Promesse de Restauration :

Dieu a promis de restaurer son peuple et d'apporter un renouveau à tous les aspects de leur vie. Dans Ésaïe 61:1-3, nous lisons : "L'esprit du Seigneur, l'Éternel, est sur moi, Car l'Éternel m'a oint pour porter de bonnes nouvelles aux malheureux ; Il m'a envoyé pour guérir ceux qui ont le cœur brisé, Pour proclamer aux captifs la liberté, Et aux prisonniers la délivrance ; Pour publier une année de grâce de l'Éternel, Et un jour de vengeance de notre Dieu ; Pour consoler tous les affligés ; Pour accorder aux affligés de Sion, Pour leur donner un diadème au lieu de la cendre, De l'huile de joie au lieu du deuil, Un vêtement de louange au lieu d'un esprit abattu, Afin qu'on les appelle des térébinthes de la justice, Une plantation de l'Éternel, pour servir à sa gloire." Ce passage sert de déclaration puissante de l'intention de Dieu de restaurer et de renouveler son peuple, transformant leur deuil en joie et leur désespoir en louange.

La Restauration des Relations :

L'un des aspects les plus profonds de la restauration de Dieu est la guérison des relations brisées. Dans Colossiens 3:12-14, l'apôtre Paul écrit : "Ainsi donc, comme des élus de Dieu, saints et bien-aimés, revêtez-vous d'entrailles de miséricorde, de bonté, d'humilité, de douceur, de patience. Supportez-vous les uns les autres, et, si l'un a sujet de se plaindre de l'autre, pardonnez-vous réciproquement. De même que Christ vous a pardonné, pardonnez-vous aussi. Mais par-dessus toutes ces choses revêtez-vous de la charité, qui est le lien de la perfection." Ce passage nous rappelle que la restauration de Dieu s'étend à nos relations les uns avec les autres, lorsque nous nous pardonnons mutuellement et cherchons l'unité dans l'amour.

Le Cri pour la Restauration Spirituelle :

En plus de la restauration physique et relationnelle, nous crions aussi à Dieu pour le renouveau spirituel et la transformation. Dans Psaume 51:10-12, le roi David crie à Dieu, disant : "Ô Dieu ! crée en moi un cœur pur, Renouvelle en moi un esprit bien disposé. Ne me rejette pas loin de ta face, Ne me retire pas ton esprit saint. Rends-moi la joie de ton salut, Et qu'un esprit de bonne volonté me soutienne !" Ce passage sert de supplication sincère à Dieu pour renouveler et restaurer la vie spirituelle de David, le ramenant dans une communion intime avec le Seigneur.

La Restauration Ultime en Christ :

Finalement, notre cri pour la restauration trouve son accomplissement en Jésus-Christ, qui est venu apporter la rédemption et le renouveau à tous ceux qui croient en lui. Dans Apocalypse 21:5, nous lisons : "Et celui qui était assis sur le trône dit : Voici, je fais toutes choses nouvelles. Et il dit : Écris ; car ces paroles sont certaines et véritables." Ce passage sert de déclaration puissante du plan ultime de Dieu pour restaurer toutes choses en Christ, mettant fin au péché, à la souffrance et à la mort, et introduisant un nouveau ciel et une nouvelle terre où règne la justice.

Le cri pour la restauration est une expression profonde de notre désir de renouveau et de rédemption au milieu de la brisure de la vie. Alors que nous crions à Dieu pour la restauration, puissions-nous prendre réconfort dans ses promesses de renouveau et de rédemption, en lui faisant confiance dans sa fidélité à apporter la guérison et la plénitude à chaque aspect de notre vie. Puissions-nous trouver espoir et force en Jésus-Christ, qui est notre source ultime de restauration et de renouveau. Amen.

Le Cri de la Reconnaissance :

Accueillir les Bénédictions Abondantes de Dieu

Dans le voyage de la foi, il y a un cri qui surgit des profondeurs de nos âmes - un cri de gratitude. Dans ce chapitre, nous explorons le cri de gratitude comme une réponse aux bénédictions abondantes de Dieu, puisant l'inspiration dans les Écritures et les témoignages personnels de reconnaissance.

Les Fondements Bibliques de la Gratitude :

La gratitude est un thème central tout au long de la Bible, tissée dans la relation de Dieu avec son peuple. Dans le Psaume 107:1, le Psalmiste déclare : "Rendez grâce à l'Éternel, car il est bon, car sa miséricorde dure à toujours." Ce passage nous rappelle l'importance d'exprimer notre gratitude à Dieu pour sa bonté et son amour fidèle.

L'Exemple de Jésus :

Jésus lui-même a incarné une vie de gratitude, remerciant Dieu en toutes circonstances. Dans Matthieu 15:36, nous lisons : "Il prit les sept pains et les poissons, et, après avoir rendu grâces, il les rompit et les donna à ses disciples, qui les distribuèrent à la foule." Ce passage nous rappelle qu'en temps de pénurie, Jésus rendait grâce à Dieu pour sa provision, nous donnant ainsi l'exemple d'exprimer notre gratitude en toutes circonstances.

L'Appel à la Reconnaissance :

Dans le Nouveau Testament, les croyants sont encouragés à cultiver un esprit de reconnaissance dans leur vie. Dans Colossiens 3:17, l'apôtre Paul écrit : "Et quoi que vous fassiez, en parole ou en œuvre, faites tout au nom du Seigneur Jésus, en rendant grâce par lui à Dieu le Père." Ce passage nous rappelle que la gratitude devrait imprégner tous les aspects de notre vie, alors que nous reconnaissons la souveraineté et la provision de Dieu en toutes choses.

Le Pouvoir de la Gratitude :

La gratitude a le pouvoir de transformer nos cœurs et nos esprits, conduisant à un sentiment plus profond de joie et de contentement. Dans Philippiens 4:6-7, l'apôtre Paul écrit : "Ne vous inquiétez de rien ; mais en toute chose faites connaître vos besoins à Dieu par des prières et des supplications, avec des actions de grâces. Et la paix de Dieu, qui surpasse toute intelligence, gardera vos cœurs et vos pensées en Jésus-Christ." Ce passage nous rappelle que l'action de grâces conduit à la paix, alors que nous nous confions dans la provision et le soin de Dieu pour nous.

Le Cri de Gratitude dans l'Adoration :

Une des expressions les plus puissantes de la gratitude se trouve dans le contexte de l'adoration. Dans le Psaume 100:4-5, le Psalmiste écrit : "Entrez dans ses portes avec reconnaissance, et dans ses parvis avec la louange ; rendez grâces, bénissez son nom ! Car l'Éternel est bon ; sa bonté dure toujours, et sa fidélité de génération en génération." Ce passage nous rappelle que la gratitude devrait être un aspect central de notre adoration, alors que nous élevons nos voix en louange et en action de grâces à Dieu pour sa bonté et sa fidélité.

Les Fruits de la Gratitude :

La gratitude n'est pas seulement une réponse aux bénédictions de Dieu, mais aussi un catalyseur pour de nouvelles bénédictions dans nos vies. Dans Luc 17:11-19, nous lisons l'histoire de Jésus qui guérit dix lépreux, et seul un revient pour rendre grâce. Jésus répond : "Les dix n'ont-ils pas été guéris ? Et les neuf, où sont-ils ? Ne s'est-il trouvé que cet étranger pour revenir et donner gloire à Dieu ?" Ce passage nous rappelle que la gratitude ouvre la porte à une intimité plus profonde avec Dieu et à de nouvelles bénédictions dans nos vies.

Le cri de gratitude est une expression puissante de notre reconnaissance envers la bonté et la provision de Dieu dans nos vies. Alors que nous cultivons un esprit de reconnaissance, puissions-nous être rappelés de la fidélité et de l'amour de Dieu pour nous, conduisant à un sentiment plus profond de joie et de contentement. Puissent nos vies être marquées par un cri continuel de gratitude, alors que nous rendons grâce à Dieu pour ses bénédictions abondantes. Amen.

Arrêtons-nous un instant et réfléchissons à la fidélité de Dieu en répondant à nos cris. Tout au long des chapitres précédents, nous avons exploré divers aspects de la foi chrétienne - de la recherche de guidance à l'expérience de la restauration, du cri pour la guérison à l'embrassade de la gratitude. À chaque chapitre, nous avons vu comment Dieu entend nos cris et répond avec compassion et amour. Rappelons-nous la bonté et la grâce de Dieu, et que nos cœurs soient remplis de gratitude et de louange alors que nous avançons dans la foi.

L'un des thèmes centraux de la foi chrétienne est la croyance en la fidélité de Dieu en répondant à nos cris. Tout au long de la Bible, nous voyons d'innombrables exemples d'individus et de communautés criant à Dieu dans les moments de besoin, et Dieu répondant avec compassion et grâce. Des Israélites criant pour être délivrés de l'esclavage en Égypte aux disciples criant à l'aide au milieu d'une tempête en mer, nous voyons comment Dieu entend nos cris et répond avec puissance et amour.

Dans le Psaume 34:17-18, nous lisons : "Les justes crient, et l'Éternel entend, et il les délivre de toutes leurs détresses. L'Éternel est près de ceux qui ont le cœur brisé, et il sauve ceux qui ont l'esprit dans l'abattement." Ce passage nous rappelle la fidélité de Dieu en répondant aux cris de son peuple. Peu importe à quel point notre situation peut sembler désespérée ou sans espoir, nous pouvons prendre réconfort en sachant que Dieu entend nos cris et est proche de ceux qui ont le cœur brisé.

En réfléchissant à la fidélité de Dieu en répondant à nos cris, nous sommes appelés à avoir confiance en sa bonté et en sa grâce. Dans le Psaume 100:5, le Psalmiste déclare : "Car l'Éternel est bon, et sa miséricorde est éternelle, et sa fidélité dure de génération en génération." Ce passage nous rappelle que Dieu est bon et que son amour pour nous est éternel. Même lorsque nous ne pouvons pas voir le résultat de nos circonstances, nous pouvons avoir confiance que Dieu travaille toutes choses ensemble pour notre bien (Romains 8:28).

En plus de faire confiance en la bonté de Dieu, nous sommes appelés à faire confiance à sa providence - son contrôle souverain sur toutes choses. Dans Proverbes 3:5-6, nous lisons : "Confie-toi en l'Éternel de tout ton cœur, et ne t'appuie pas sur ta sagesse; reconnais-le dans toutes tes voies, et il aplanira tes sentiers." Ce passage nous rappelle que Dieu contrôle nos vies et peut nous guider dans la bonne direction. Même lorsque nous ne pouvons pas voir le chemin à suivre, nous pouvons avoir confiance que Dieu nous conduit et aplanira nos sentiers.

Alors que nous avançons dans la foi, nous sommes appelés à faire confiance au timing de Dieu. Dans Ecclésiaste 3:11, nous lisons : "Il a fait toute chose belle en son temps." Ce passage nous rappelle que Dieu a un plan parfait et un timing pour nos vies. Même lorsque nous sommes tentés de devenir impatients ou découragés, nous pouvons avoir confiance que Dieu travaille en coulisses, orchestrant les événements selon sa volonté parfaite.

En réponse à la fidélité et à la bonté de Dieu, nous sommes appelés à exprimer gratitude et louange. Dans le Psaume 118:1, le Psalmiste déclare : "Rendez grâce à l'Éternel, car il est bon; car sa miséricorde est éternelle." Ce passage nous rappelle que la gratitude et la louange devraient couler de nos cœurs alors que nous réfléchissons à la fidélité et à la grâce de Dieu dans nos vies. Que ce soit dans les moments de joie ou de tristesse, nous pouvons toujours trouver des raisons de rendre grâce à Dieu pour son amour et sa miséricorde infaillibles.

Prenez un moment pour offrir une prière de gratitude et de louange à notre Père céleste :

Père céleste, Nous te remercions pour ta fidélité et ta bonté en répondant à nos cris. Tu es un Dieu qui entend nos prières et répond avec compassion et amour. Aide-nous à faire confiance à ta providence et à ton timing, sachant que tu travailles toutes choses ensemble pour notre bien. Remplis nos cœurs de gratitude et de louange alors que nous avançons dans la foi, sachant que tu es avec nous à chaque étape du chemin. Amen.

Soyons rappelés de la fidélité de Dieu en répondant à nos cris. Continuons à faire confiance en sa bonté et en sa grâce, sachant qu'il entend nos cris et répond avec compassion et amour. Que nos cœurs soient remplis de gratitude et de louange alors que nous avançons dans la foi, sachant que le Seigneur est toujours avec nous. Amen.

POINTS DE PRIÈRE

Rendons grâce à Dieu pour sa puissance puissante de sauver et pour le pouvoir de délivrance de toute forme d'esclavage.

Père céleste, nous te remercions pour la parole délivrée par ton serviteur Osée, un message qui transcende le temps et nous parle même aujourd'hui. Accorde-nous la sagesse de tenir compte de tes paroles telles qu'elles ont été données aux jours d'Ozias, de Jotham, d'Achaz et de Jéroboam, afin que nous comprenions ta volonté pour nous en notre temps.

Seigneur, comme tu as instruit Osée à prendre une femme de prostitution, symbolisant l'infidélité de ton peuple, nous reconnaissons la profondeur de nos propres péchés et les façons dont nous nous sommes éloignés de toi. Pardonne-nous, ô Dieu, pour nos transgressions et ramène-nous dans ton étreinte aimante.

Seigneur, comme tu as nommé Jizréel pour symboliser le jugement imminent sur Israël, nous reconnaissons humblement les conséquences de nos actions. Que ta miséricorde prévale même face à notre désobéissance, et puissions-nous nous tourner vers toi dans le repentir avant qu'il ne soit trop tard.

Seigneur, comme tu as nommé Lo-Ruhamah, signifiant le retrait de ta miséricorde d'Israël, nous te supplions de restaurer ta grâce sur nous. Bien que nous méritions ton jugement, dans ta compassion, retiens ta colère et inonde-nous à nouveau de ton amour infaillible.

Seigneur, comme tu promets que les enfants d'Israël seront aussi nombreux que le sable de la mer, nous admirons ta grâce et ta miséricorde abondantes. Aide-nous à vivre comme ton peuple élu, proclamant ta bonté jusqu'aux extrémités de la terre.

Père, dans ta miséricorde, épargne-nous les conséquences de notre désobéissance. Empêche-nous d'être déshabillés et laissés désolés, mais au lieu de cela, revêts-nous de ta justice et conduis-nous à côté des eaux tranquilles.

Père céleste, pardonne-nous d'aspirer à la satisfaction dans les plaisirs et les poursuites mondains. Aide-nous à nous détourner des faux idoles et à trouver notre accomplissement uniquement en toi, la source de tous nos besoins.

Seigneur, dans ta souveraineté, expose nos péchés devant nous et devant le monde, afin que nous puissions voir la folie de nos voies et revenir vers toi pour le pardon et la restauration.

Père céleste, pardonne-nous pour notre adultère spirituel et notre idolâtrie. Que nous n'oubliions jamais ta fidélité et ton amour constant, et que nous restions toujours dévoués à toi.

Père céleste, retire de nos lèvres les noms de faux dieux, afin que nous puissions t'adorer seul avec tout le respect et l'adoration qui te sont dus. Ne laissons plus jamais notre cœur s'égarer après les idoles de ce monde.

Seigneur, comme la terre répond à tes commandements, que nous aussi écoutions ta parole et obéissions à ta volonté. Que nos vies témoignent de ta souveraineté et de ta majesté.

Père, plante-nous dans la terre comme un peuple qui a obtenu ta miséricorde et ta faveur. Fais que nous déclarions avec joie et reconnaissance que tu es notre Dieu, et que nous sommes ton peuple.

Seigneur, comme Osée a acheté la femme pour quinze pièces d'argent et d'orge, symbolisant la rédemption et la restauration de ton peuple, nous te prions pour que le prix de ton sacrifice soit évident dans nos vies. Aide-nous à apprécier le précieux don du salut acheté par le sang de Jésus-Christ, et que nous vivions comme des enfants de Dieu rachetés et transformés, au nom de Jésus.

Père, tout comme tu as instruit la femme d'Osée à demeurer pendant de nombreux jours sans jouer la prostituée ni appartenir à un autre homme, établis en nous un engagement ferme envers toi. Garde-nous loin de l'adultère spirituel et de l'infidélité, afin que nous soyons entièrement consacrés à toi seul, au nom de Jésus.

Je déclare que je suis racheté et restauré, tout comme Osée a acheté la femme pour quinze pièces d'argent et d'orge. Le prix de ma rédemption est évident, car je suis acheté par le précieux sang de Jésus-Christ, au nom de Jésus.

Selon la parole du Seigneur, je suis appelé à demeurer fidèle pendant de nombreux jours, m'abstenant de l'adultère spirituel et de l'infidélité. Je suis engagé envers le Seigneur seul, et lui aussi sera pour moi, au nom de Jésus.

Je déclare qu'il peut y avoir des saisons de stérilité et de manque, comme annoncé pour les enfants d'Israël, mais je reste ferme dans ma confiance envers le Seigneur. Même sans roi visible, prince, sacrifice ou image, je demeure ferme dans ma foi, sachant que mon Dieu est avec moi, au nom de Jésus.

Je proclame que le temps du retour et de la restauration est sur nous, tout comme Osée l'a prophétisé pour les enfants d'Israël. Nous rechercherons le Seigneur notre Dieu et David notre roi, et nous craindrons le Seigneur et sa bonté dans les derniers jours, au nom de Jésus. Amen.

Seigneur, pardonne-nous nos péchés de blasphème, mensonge, meurtre, vol et adultère. Nos transgressions ont conduit à des effusions de sang et à la ruine dans le pays. Accorde-nous ta miséricorde et ta grâce pour nous détourner de ces actes mauvais et rechercher ta justice.

Seigneur, que la discorde et les querelles ne règnent pas parmi ton peuple. Aide-nous à vivre dans l'harmonie et l'unité, en nous abstenant des disputes et des querelles. Fais que nous recherchions la paix et la réconciliation les uns avec les autres, reflétant ton amour et ta grâce.

Seigneur, nous nous repentons de notre manque de connaissance et de compréhension de tes voies. Pardonne-nous d'avoir rejeté ta vérité et abandonné tes commandements. Restaure en nous la **sagesse** et le discernement qui viennent de ton Esprit.

Seigneur, délivre-nous de l'esclavage du péché. Nous renonçons à toute iniquité et demandons ta force pour vaincre la tentation. Que nos cœurs soient fixés sur la justice et la pureté, s'alignant sur ta volonté et tes desseins.

Seigneur, nous nous repentons de nos désirs insatiables et de notre quête de plaisirs mondains. Nos cœurs se sont détournés de toi, entraînant un vide et un mécontentement. Restaure en nous la joie de ton salut et la satisfaction trouvée uniquement en toi.

Seigneur, nous renonçons à chercher conseil auprès d'idoles et de faux dieux. Aide-nous à rechercher la sagesse et la guidance en toi, le seul vrai Dieu. Que nous mettions notre confiance en ta direction et que nous nous appuyions sur ta parole pour orienter nos vies.

Père, pardonne-nous nos pratiques idolâtres et notre faux culte. Nous nous repentons d'offrir des sacrifices à d'autres dieux sur les montagnes et les collines. Aide-nous à t'adorer en esprit et en vérité, en t'honorant seul.

Seigneur, purifie-moi de toute impureté et de tout péché. Que mon cœur soit purifié par ton feu saint, et que mon amour pour toi brûle avec éclat. Enlève l'amertume de ma boisson et remplis-moi de la douceur de ton Esprit.

Père céleste, brise les chaînes qui nous enserrent et libère-nous de l'esclavage du péché. Que le vent de réveil souffle sur nous, apportant guérison et restauration. Que nous n'ayons plus honte de nos sacrifices, mais les offrions avec des cœurs purs et une dévotion sincère.

Entends-moi, ô Seigneur, alors que je viens devant toi dans la prière. Ouvre mes oreilles pour écouter ta voix et mon cœur pour recevoir ta guidance. Aide-moi à prendre garde à tes avertissements et instructions, car le jugement est proche. Au nom de Jésus, je déclare que je suis attentif à la parole du Seigneur.

Seigneur, révèle-moi tout domaine de ma vie où le péché m'a pris au piège ou où je suis devenu un obstacle pour les autres. Accorde-moi l'humilité de me repentir et de me détourner de toutes formes de rébellion et de désobéissance. Aide-moi à marcher dans la justice et l'intégrité devant toi.

Père céleste, je reconnais que tu vois toutes choses, et rien n'est caché à tes yeux. Pardonne-moi pour tout péché caché ou transgression secrète. Purifie-moi de toute iniquité et purifie mon cœur, ô Dieu.

Seigneur, je me repens de tout adultère spirituel ou souillure dans ma vie. Aide-moi à me détourner de toute idolâtrie et de faux dieux. Remplis-moi d'un désir authentique de te chercher de tout mon cœur et de te connaître plus intimement.

Père, je me rends devant toi dans mon orgueil et mon arrogance. Je reconnais qu'en dehors de toi, je ne peux rien faire. Aide-moi à m'humilier sous ta puissante main, afin que tu puisses me relever en temps voulu.

Père, j'intercède pour ceux qui sont opprimés et brisés par le jugement. Apporte guérison et restauration aux cœurs brisés, et que ta justice prévale dans chaque situation. Montre ta miséricorde et ta grâce à ceux dans le besoin.

Père céleste, je reconnais que tu es seul mon guérisseur et mon libérateur. Je renonce à toute dépendance à la force humaine ou aux solutions mondaines. Que je mette ma confiance en toi seul pour ma guérison et ma restauration.

Père, je prie pour qu'un esprit de repentance et d'humilité balaye le pays. Que ton peuple se détourne de ses voies mauvaises et te cherche sincèrement. Montre-nous ta miséricorde et ton pardon, ô Seigneur.

Seigneur, je me consacre à nouveau à te chercher et à reconnaître mon besoin de toi. Que ta présence soit mon plus grand désir et ta volonté ma plus haute aspiration. Au nom de Jésus, je te remets tout.

Seigneur, je me repens pour les moments où j'ai refusé de revenir vers toi et où j'ai plutôt choisi de me fier à ma propre force et sagesse. Pardonne-moi pour ma désobéissance et ma rébellion. Attire-moi à toi, ô Seigneur.

Seigneur, je te livre mon cœur entièrement. Aide-moi à t'exalter et à te donner la place la plus élevée dans ma vie. Que mon cœur soit ferme dans le fait de te suivre, et que je ne me détourne jamais de tes voies.

Père, donne-moi la force de marcher dans l'obéissance à ta parole et de te suivre de tout mon cœur. Que ta présence aille devant moi comme un lion rugissant, me remplissant d'admiration et de révérence pour ta majesté et ta puissance.

Seigneur, je déclare la victoire sur chaque bataille spirituelle et chaque mission que l'ennemi a menée contre moi. Je reste ferme dans la foi, sachant que tu combats en ma faveur, et qu'aucun ennemi ne peut tenir contre ta puissance toute-puissante.

Père, je te demande pardon et purification de tout péché et de toute injustice. J'invite ton Saint-Esprit à scruter mon cœur et à révéler tout domaine caché qui doit t'être abandonné. Au nom de Jésus, je brise chaque chaîne de servitude et déclare ma liberté en Christ.

Seigneur, je demande ta force et ton courage pour résister à la tentation et surmonter chaque attaque spirituelle. Aide-moi à marcher dans l'obéissance et la droiture, en comptant sur ta grâce et ta puissance pour me soutenir. Au nom de Jésus, je commande que chaque forteresse démoniaque soit démolie, et que chaque captif soit libéré.

Je déclare la victoire sur chaque esprit d'adultère spirituel et d'idolâtrie dans ma vie. Par la puissance du Seigneur, je me libère de toute servitude envers d'autres dieux et plaisirs mondains qui cherchent à m'éloigner du vrai Dieu.

Au nom de Jésus, je proclame ma rédemption et ma restauration de toute forme de captivité. J'ai été acheté à prix, racheté par le précieux sang de Jésus-Christ. Je déclare mon allégeance au Seigneur et renonce à tout lien avec l'ennemi.

Par l'autorité de Jésus-Christ, je déclare que je demeure dans l'amour et la fidélité du Seigneur. Je rejette toute tentation de m'éloigner de son chemin et reste ferme dans son alliance. Je déclare que mon cœur est fixé sur le Seigneur, et je ne serai pas influencé par les séductions de l'ennemi.

Je déclare la rupture de toute forteresse et de toute servitude qui m'a maintenu dans la stérilité spirituelle et la désolation. Au nom de Jésus, je commande que tout obstacle à ma croissance et à mon progrès spirituel soit éliminé. Je déclare que je suis libre de marcher dans la plénitude des promesses et des bénédictions de Dieu.

Je déclare l'accomplissement des promesses de restauration et de retour de Dieu dans ma vie. Par la puissance du Saint-Esprit, je recherche le Seigneur de tout mon cœur et le crains avec révérence et crainte. Je déclare que je marche dans l'abondance de la bonté et de la miséricorde de Dieu, et que son royaume est établi dans mon cœur et dans ma vie.

Au nom de Jésus, je déclare la liberté des chaînes du péché qui m'ont enlacé. Par le pouvoir du sang de Christ, je brise toute forteresse et toute servitude dans ma vie.

Je proclame la victoire sur les désirs de la chair, les désirs des yeux et l'orgueil de la vie. Le péché n'aura plus de dominion sur moi, car je suis crucifié avec Christ.

Au nom de Jésus, je brise toute malédiction générationnelle et tout schéma de péché qui ont affligé la lignée de ma famille. Je me tiens en tant qu'enfant de Dieu acheté par le sang, libéré des péchés de mes ancêtres.

Je décrète le démantèlement de chaque forteresse de dépendance, que ce soit aux substances, aux comportements ou aux pensées. Je suis libéré par le pouvoir transformateur du Saint-Esprit.

Je déclare que le pouvoir du péché est brisé sur mon esprit, mes émotions et ma volonté. Je suis habilité par le Saint-Esprit à résister à la tentation et à marcher dans la droiture.

Je proclame la liberté de l'esprit de peur, de culpabilité et de condamnation. Je suis pardonné, justifié et juste en Jésus-Christ, et aucune accusation ou condamnation ne peut tenir contre moi.

Au nom de Jésus, je brise le pouvoir de chaque mensonge, de chaque tromperie et de chaque esprit trompeur qui cherche à m'égarer. Je marche dans la lumière de la vérité de Dieu, et la vérité m'a libéré.

Par l'autorité de Jésus-Christ, je commande à chaque mission et à chaque attaque démoniaque contre mon âme d'être annulée et rendue impuissante. Je suis couvert et protégé par le sang de l'Agneau.

Je déclare que je suis plus que vainqueur par Celui qui m'a aimé, et rien ne pourra me séparer de l'amour de Dieu en Jésus-Christ. Je suis victorieux sur le péché et sur chaque adversaire spirituel.

Au nom de Jésus, je rejette tout esprit de tentation, de convoitise et de perversion qui cherche à piéger mon âme. Je suis habilité à résister au diable, et il s'enfuit de moi.

Par l'autorité de Jésus-Christ, je commande à chaque forteresse et à chaque point d'appui démoniaque dans ma vie d'être démoli et détruit. Je suis libre de marcher dans la liberté des fils et des filles de Dieu.

Par l'autorité de Jésus-Christ, je brise toute malédiction générationnelle qui a été transmise à travers la lignée de ma famille. Je déclare la liberté des schémas de péché et de servitude qui ont affligé mes ancêtres.

Au nom de Jésus, j'annule et je révoque tout droit légal que l'ennemi a exercé sur ma vie à travers les malédictions générationnelles. Je suis libéré de l'emprise de la servitude générationnelle.

Je déclare que le pouvoir de la croix de Christ brise toute malédiction et me libère pour entrer dans les bénédictions d'Abraham. Je suis l'héritier des promesses de Dieu, non une victime des malédictions générationnelles.

Par le sang de Jésus, je brise tout cycle de pauvreté, de divorce, de maladie, de dépendance et de dysfonctionnement qui a affligé ma famille depuis des générations. Je suis libéré pour marcher dans l'abondance et l'intégrité de Dieu.

Je décrète que les malédictions générationnelles de rébellion, d'idolâtrie et de désobéissance sont brisées sur ma vie et sur mes descendants. Je suis aligné avec les desseins et les plans de Dieu pour l'avenir de ma famille.

Au nom de Jésus, je réclame mon identité et mon destin en tant qu'enfant de Dieu, affranchi des limites et des servitudes des malédictions générationnelles. Je suis habilité à vivre victorieusement en Christ.

Je prophétise la restauration et la rédemption sur la lignée de ma famille. Par la puissance de Jésus-Christ, je déclare que les malédictions générationnelles sont remplacées par des bénédictions générationnelles, et la gloire de Dieu brillera à travers notre héritage.

Au nom de Jésus, je renonce et je brise toute malédiction générationnelle de divorce et de discorde conjugale qui a affligé la lignée de ma famille. Je déclare que le cycle des relations brisées prend fin avec moi, et je marche dans le plan de Dieu pour une unité et un amour durables dans ma famille.

Par le sang de Jésus, je démantèle et je détruis tout autel satanique érigé contre la sainteté du mariage et de la famille dans ma lignée. Je neutralise leur influence maléfique et je décrète une protection divine sur mes relations.

Je commande à chaque forteresse démoniaque associée au divorce générationnel et aux autels sataniques d'être démolie au nom puissant de Jésus. Je libère la puissance de la Parole de Dieu pour apporter la liberté et la restauration.

J'attache et je chasse tout esprit de division, de conflit et de discorde opérant dans la lignée de ma famille. Je libère l'esprit d'unité, d'amour et de pardon pour régner en maître au milieu de nous.

Je brise tout pacte conclu avec des forces démoniaques par la participation ancestrale à des rituels sataniques ou à des pratiques occultes. Je déclare mon allégeance à Jésus-Christ seul et renonce à tout lien avec les ténèbres.

Je libère la puissance de la Parole de Dieu pour apporter la guérison et la réconciliation à chaque relation brisée au sein de ma famille. Je déclare que ce que l'ennemi a voulu pour nuire, Dieu le transformera en bien.

Je déclare que ma famille est une forteresse de l'amour, de la paix et de l'unité de Dieu. Aucune malédiction ou mission démoniaque ne peut prévaloir contre l'autorité de Jésus-Christ agissant dans nos vies. Nous restons fermes dans la foi, confiants dans la puissance de Dieu pour surmonter chaque obstacle.

Par le sang de Jésus, je démantèle et je détruis tout autel satanique érigé pour perpétuer la stagnation et le manque dans la lignée de ma famille. Je commande à toute force démoniaque entravant le progrès d'être dispersée et rendue impuissante.

Je déclare que ma famille est libérée de l'emprise de la stagnation générationnelle, et nous marchons dans la plénitude des promesses de Dieu pour la prospérité, la croissance et l'avancement dans tous les domaines de nos vies.

J'attache et je repousse tout esprit de retard, d'obstacle et d'entrave agissant à travers les malédictions générationnelles et les autels sataniques dans ma famille. Je libère l'esprit d'accélération et de percée au milieu de nous.

Je renonce et rejette tout pacte maléfique conclu avec les forces sataniques par la participation ancestrale à des pratiques occultes ou au culte des idoles. Je déclare mon allégeance à Jésus-Christ seul, et Sa victoire est notre héritage.

Je déclare que ma famille se libère de toute malédiction générationnelle et de toute forteresse de stagnation. Nous entrons dans une saison d'accélération divine, où les bénédictions de Dieu nous rattrapent et Sa faveur ouvre des portes d'opportunité.

Je prononce la vie, l'abondance et la fécondité dans chaque domaine de la vie de ma famille. Je déclare que nous dépassons chaque obstacle et limitation, marchant dans la plénitude du dessein et de la destinée de Dieu pour nos vies.

Je commande à toute mission démoniaque d'échec et de retard contre ma famille d'être annulée et détruite. Je libère les anges de Dieu pour combattre en notre nom et assurer notre victoire dans chaque bataille.

J'arrache chaque semence d'échec plantée par l'ennemi dans nos esprits et nos cœurs. Je déclare que nous marchons dans l'esprit de Christ, remplis de sagesse, de courage et de foi pour surmonter chaque obstacle.

Je prophétise le succès, la prospérité et la faveur divine sur ma famille. Je décrète que des portes d'opportunité s'ouvrent, et chaque revers se transforme en une mise en place pour une percée miraculeuse.

Au nom de Jésus, je brise chaque malédiction d'instabilité financière et de manque qui a entravé la prospérité de ma famille. Je déclare que nous sommes héritiers de l'abondance du royaume de Dieu, et nous marchons dans la liberté financière et la stabilité.

Je repousse tout esprit de pauvreté, de dette et de manque qui a tourmenté ma famille depuis des générations. Par l'autorité de Jésus-Christ, je commande que tout obstacle à notre stabilité financière soit écarté, et je proclame une provision divine et une abondance dans nos vies.

Je décrète et déclare que notre Dieu est Jéhovah Jiré, notre pourvoyeur. Je me confie en Ses promesses de pourvoir à tous nos besoins selon Sa richesse en gloire. Je rejette les mensonges de l'ennemi qui cherchent à nous maintenir liés dans la lutte financière, et je revendique les bénédictions de la prospérité et de l'abondance sur ma famille.

J'annule chaque parole négative prononcée contre notre stabilité financière et notre succès. Je déclare que nous sommes bénis à notre arrivée et à notre départ, et chaque aspect de nos finances prospère sous la faveur et la grâce de Dieu.

Je libère un changement surnaturel dans notre situation financière. Je commande que des portes d'opportunité s'ouvrent, que des connexions divines se fassent, et que des ressources affluent abondamment dans nos vies. Je déclare que nous marchons dans le débordement, et notre stabilité financière est un témoignage de la fidélité de notre Dieu.

Je repousse tout esprit de stérilité et d'infécondité agissant dans ma vie et ma famille. Par la puissance du Saint-Esprit, je commande que tout obstacle à la fécondité et à la reproduction soit écarté, et je proclame une fécondité divine et une multiplication sur nous.

Je déclare que mon corps est un temple du Saint-Esprit, et il est béni pour concevoir et porter des enfants. Je rejette tout diagnostic médical ou pronostic qui contredit la promesse de fécondité de Dieu dans ma vie.

Je me tiens sur la parole de Dieu qui dit : "Soyez féconds et multipliez-vous." Je déclare que la malédiction de la stérilité est brisée, et nous connaîtrons la joie de la parentalité et la bénédiction d'avoir des enfants dans notre famille.

Père céleste, je te remercie pour les talents et les capacités dont tu m'as béni. Je déclare que chaque obstacle entravant l'avancement de ma carrière est éliminé au puissant nom de Jésus, et je franchis de nouveaux niveaux de succès et de prospérité.

Je lie et repousse tout esprit de stagnation, de limitation et de revers sur mon chemin professionnel. Je libère la faveur de Dieu sur mes efforts professionnels, ouvrant des portes de promotion, d'opportunité et de progression que personne ne peut fermer.

Je prie pour une sagesse divine, une clairvoyance et un discernement dans mes décisions professionnelles. Que le Saint-Esprit me guide dans la bonne direction, me conduisant vers des opportunités qui s'alignent avec ta volonté parfaite pour ma vie et contribuent à mon avancement et ma croissance.

Je rejette chaque parole négative prononcée contre la progression et le succès de ma carrière. Je déclare que je suis destiné à la grandeur, et je marche dans la confiance que tes plans pour moi sont de bien et non de mal, pour me donner un avenir et une espérance.

Je décrète et déclare que je suis la tête et non la queue, au-dessus et non en dessous. Je brise chaque malédiction de médiocrité et de sous-performance sur ma vie et ma carrière, et je franchis la plénitude de la purpose de Dieu et l'abondance dans ma vie professionnelle.

Je repousse tout esprit de confusion, de distraction et de découragement qui cherche à entraver mon apprentissage et ma compréhension. Je déclare la clarté d'esprit, la concentration et la diligence dans mes études, conduisant à l'excellence et au succès dans chaque entreprise.

Je prie pour la faveur divine avec mes enseignants, professeurs et mentors. Qu'ils reconnaissent et apprécient mes efforts, me accordant leur faveur et ouvrant des portes d'opportunité pour l'avancement et la réussite académique.

Je rejette toute pensée ou croyance négative suggérant l'échec ou l'inadéquation dans mes poursuites académiques. Je déclare que je suis plus que vainqueur par celui qui me fortifie, et je suis destiné à la grandeur dans mon parcours éducatif.

Je décrète et déclare que je suis un vase de sagesse et de connaissance de Dieu. J'ai la capacité de saisir et de retenir l'information facilement, d'exceller dans les examens et les évaluations, et d'atteindre mes objectifs académiques avec excellence, à la gloire de Dieu.

Au nom de Jésus, je brise chaque chaîne de retard matrimonial qui a lié ma vie et mon destin. Je commande à chaque force entravante de relâcher sa prise sur ma percée matrimoniale maintenant !

Je rejette et renonce à chaque malédiction de retard matrimonial prononcée sur ma vie et ma lignée. Par le pouvoir du sang de Jésus, je suis libéré de toutes les malédictions générationnelles affectant mon destin matrimonial.

Je m'oppose à chaque force spirituelle orchestrant des retards dans mon parcours matrimonial. Je déclare que mon temps de connexion divine et d'union est maintenant, et aucun agenda démoniaque ne peut le retarder.

Je libère le feu de Dieu pour consumer chaque autel satanique érigé pour retarder mes bénédictions matrimoniales. Que chaque forteresse démoniaque entravant mon mariage soit démolie par la puissance de Dieu !

Je décrète et déclare que je ne suis pas destiné à marcher sur le chemin de la solitude et du retard. Je suis destiné à un mariage heureux et opportun ordonné par Dieu, et je le revendique par la foi au nom de Jésus.

Je repousse tout esprit de peur, de doute et d'insécurité qui surgit en raison de l'attente prolongée du mariage. Je reçois la paix de Dieu qui surpasse toute compréhension, en me confiant en Son timing parfait pour ma vie.

J'arrache chaque graine négative plantée dans mon esprit concernant le mariage. Je les remplace par les promesses de Dieu pour une union matrimoniale épanouissante et opportune, selon Sa Parole.

Je prie pour un alignement divin avec mon futur conjoint. Que Dieu orchestre nos chemins pour qu'ils se croisent au moment prévu, conduisant à un mariage béni et fructueux qui glorifie Son nom.

Je déclare que ma percée matrimoniale est imminente. Je refuse de perdre espoir ou de me lasser d'attendre, car le timing de Dieu est parfait, et Il accomplira Ses promesses concernant mon destin matrimonial.

Je scelle ces déclarations avec l'autorité de Jésus-Christ, croyant et recevant ma percée matrimoniale avec une foi inébranlable. Que chaque retard se transforme en accélération, et que mon témoignage se manifeste pour la gloire de Dieu !